新媒体时代高校校园文化建设理论探索与实践研究

曹晓菲　甘　巍　舒绍逸◎著

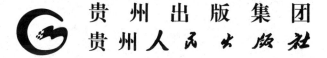

贵州出版集团

贵州人民出版社

图书在版编目（CIP）数据

新媒体时代高校校园文化建设理论探索与实践研究 / 曹晓菲，甘巍，舒绍逸著 . -- 贵阳 : 贵州人民出版社，2023.9

ISBN 978-7-221-17841-1

Ⅰ．①新… Ⅱ．①曹… ②甘… ③舒… Ⅲ．①高等学校－校园文化－建设－研究－中国 Ⅳ．① G647

中国国家版本馆 CIP 数据核字（2023）第 160064 号

XINMEITI SHIDAI GAOXIAO XIAOYUAN WENHUA JIANSHE LILUN TANSUO YU SHIJIAN YANJIU

新媒体时代高校校园文化建设理论探索与实践研究

曹晓菲　甘　巍　舒绍逸　著

出 版 人　朱文迅
策划编辑　苏　轼
责任编辑　赵帅红
装帧设计　博健文化
责任印制　陈　楠
出版发行　贵州出版集团　贵州人民出版社
地　　址　贵阳市观山湖区中天会展城会展东路 SOHO 公寓 A 座
印　　刷　天津旭丰源印刷有限公司
版　　次　2024 年 7 月第 1 版
印　　次　2024 年 7 月第 1 次
开　　本　787mm×1092mm　1/16
印　　张　10
字　　数　197 千字
书　　号　ISBN 978-7-221-17841-1
定　　价　68.00 元

前　言

随着高校校园信息化进程的推进，新媒介为校园文化提供了一种全新的物质技术环境，它们在为高校师生学习、工作、生活、娱乐提供便利的同时，也在不知不觉地改变着人们原有的意识习惯，塑造和培养着新的思维方式，进而影响校园文化生活的方方面面。校园文化是以学生为主体，以课外文化活动为主要内容，以校园为主要空间，以校园精神为主要特征的一种群体文化。新媒体时代的校园文化常常对学校的教育产生重大影响，它决定着学校的精神面貌，影响着学校的教育方向。学校应重视校长和骨干教师在校园文化建设中的主导作用，积极争取社会各方面的支持和参与，充分发挥教师和学生在校园文化建设中的作用，增强校园文化建设的实践性。

基于此，笔者撰写了《新媒体时代高校校园文化建设理论探索与实践研究》一书，在内容编排上共设置八章：第一章作为本书论述的基础和前提，主要阐释高校校园文化的基本理论、高校校园文化建设及其有效方法、新媒体给校园文化建设带来的机遇；第二章是高校精神及其培育方法的选择、高校校园精神文化内涵与特征、高校校园精神文化建设的探究、新媒体时代高校精神文化建设思路；第三、四、五、六、七、八章突出实践性，围绕新媒体时代高校校园班级文化建设、网络文化建设、物质文化建设、文化活动建设、安全文化建设及新媒体时代学生社会实践文化建设进行研究。

全书结构严谨，内容翔实，理论结构合理。本着务实、求新与开拓的精神，在总结、研究、提炼的基础上，准确把握现代学校校园文化建设与实践研究的发展方向，从理论和实践结合的角度加以融合，力求做到全面、科学、实用，以便读者更好地进行各个项目的学习。

笔者在撰写本书的过程中，得到了许多专家学者的帮助和指导，在此表示诚挚的谢意。由于笔者水平有限，加之时间仓促，书中所涉及的内容难免有疏漏之处，希望各位读者多提宝贵意见，以便笔者进一步修改，使之更加完善。

目　录

第一章
新媒体时代高校校园文化建设理论

第一节　高校校园文化的基本理论审视

一、高校校园文化的特性

"高校校园文化作为特殊的文化形态，在文化建设中具有特殊的、无法替代的、不容忽视的作用。建设文化强国，培养优秀人才是根本；培养优秀人才，校园文化建设是保障。"[①]

第一，先进性。高校是文化荟萃的重要场所，是文明的集散地，是先进科学文化的摇篮。它既与社会保持着密切联系，使自己培养的人才能适应现实社会，服务于社会，又高于现实社会，使培养的人才成为改造现实社会、实现社会理想、构建新的更好更完善的社会的动力。因此，高校文化与社会其他文化相比，具有明显的先进性。

第二，多元性。社会大文化本身是色彩缤纷、层次多样的。同样，高校校园文化也呈现多元结构。随着现代信息技术的飞速发展，现代社会各种文化传播在时空上缩短了距离，高校的校际、国际文化交流更加频繁，使得文化的参加对象呈现多层次性，文化形式呈现多样性，文化内容呈现广泛性，促使高校师生对文化选择更加多元。

第三，超前性。高等校园文化主体人群文化层次都比较高，思想敏锐深刻，信息来源广泛，使高等校园文化很好地发挥着输送文化先锋典范的辐射功能，使其能在合理的文化支点上，对社会文化保持一种超前的态势，成为一种具有导向性的社会大文化的子系统。

第四，动态性。高等校园文化作为社会的一种亚文化，必然要受到社会文化的强烈影响。社会文化是高等校园文化赖以生存的大环境和源泉，它深刻影响着高等校园文化的内容和基调。我们不能脱离社会、脱离时代去孤立地、静态地构建高等校园文化，而要根据社会大气候的变化，及时调控高等校园文化的小气候，做到与时俱进。

第五，时代性。历史唯物主义认为，文化是人类社会活动的产物，它带着深深的时代

[①]黄金和.浅析高校校园文化的特性和功能［J］.才智，2012（20）：1.

印记，具有明显的时代特征。学校校园文化也不例外，它不仅会受到社会传统文化的影响，而且更多地受到当代社会经济政治以及社会思潮、社会风尚等社会意识形态的制约，有着明显的时代烙印。

第六，社会性。校园文化是社会主流文化一个不可缺少的重要组成部分，它们之间是局部与整体、分支与主流、流和源的关系。因此，学校校园文化不是孤立存在的，而是同城市社区文化、企业文化、街道文化等文化现象一样，同属于社会文化的范畴，并属于相互开放的同一系统。一方面，学校校园文化的形成、发展和创新受到社会主流文化的影响和制约，它只有不断地从社会主流文化中汲取营养才能欣欣向荣、根深叶茂；另一方面，学校校园文化的发展又会对社会主流文化产生深刻的影响，这是因为学校大都为某一地区文化的制高点，学校校园文化对社会其他文化具有很强的渗透力和辐射力。随着市场经济的不断发展，学校与社会的联系不断加强，学校校园文化与社会主流文化的联系也日趋加深，并逐渐融为一体。

第七，层次性。高校是个较大的系统，既有重点高校，也有高等职专，教育层次差异较大，同时学校内的人员组成既有教师、职工、学生之分，又有男女老少之分，人们的文化程度、年龄构成差异很大，其文化体育爱好及兴趣各不相同，文化需要的内涵、规格各异，因此，学校校园文化有雅有俗，存在明显的层次特征。高校在制订校园文化发展的规划时一定要注意层次性特征，考虑到方方面面，使校园文化能够尽量满足学校各类人员的文化需要。

第八，群众性。学校校园文化具有广泛的群众基础，每一项校园文化活动都有不少参与者和组织者。可见，学校内每一个人都置身于校园文化中。离开了校内广大教职工及学生的参与、支持，校园文化之花就会枯萎凋落，也就不会存在和发展，因此，群众性是学校校园文化的显著特点之一。

第九，行业性。学校校园文化具有一定的行业性特色，即学校的类型不同，其校园文化也有所不同。例如，艺术院校、体育院校、文科院校、理工院校及师范院校，其校园文化就由于行业（专业）上的差异而有较大的差别。

第十，和谐性。和谐成为学校校园文化建设的新理念，人才培养的客观要求呼唤全面发展的高素质人才，高等校园文化建设现状呼唤精神健全的高校文化，因此，学校应把服务和谐社会建设作为高校学生文化建设的重要目标，把构建和谐社会作为高校学生文化建设的重要使命，构建适应和谐社会需要的校园文化，和谐视野下的学校校园文化必须以人为本，以学生为中心，注重学生的人格和尊严，实现学生的个性化发展。把学生的成长、成才与学校校园文化相结合，实现校园文化的持续、健康发展。

第十一，开放性。当代世界是开放世界。经济全球化和社会信息化势必影响到学校校园文化的建设。因此，学校校园文化也是开放的，它与外界有着密切的联系，不但与社会联系密切，学校之间的联系也很多，与国外学校的交流、合作以及相互影响也在日渐增多。

二、高校校园文化的层次

现实的校园文化是立体的、开放的、丰富多彩的，不是平面的、封闭的、单调无规则的。高等院校中任何一种文化现象都是校园文化要素综合的结果。清晰地了解和掌握校园文化的层次，有利于促进校园文化实践的有效性。认识和区分校园文化层次的基本原则，应该是按照校园文化要素间内在逻辑关系，从不同的视角考察校园文化，并最终立体地、综合地把握校园文化。一般而言，从校园文化的质态结构、主体结构、职能结构和时间结构等方面分析校园文化，就可以对校园文化的结构状况有一个比较完整的了解。

（一）质态层次

所谓质态是指文化的物质形态。物质既是文化的最小单位，也是独立意义的单位，是文化本体意义上最小的存在单位，或最小构成因素，就像世界万物都是由物质构成的、物质是万物的最小存在单位为我们所认识的一样。校园文化按其质态，可以分为观念文化、制度文化、物质文化和行为文化四个层次，并按相互间的支配与被支配、作用与反作用的关系，形成以观念文化为核心，向外依次是制度文化、物质文化和行为文化的同心圆结构。

第一，校园观念文化主要以思想观念形态表现出来。观念文化也是精神文化，是校园文化结构的核心，包括思想意识、价值观念、生活信念等，从深层影响着全体师生的理想、信仰、意志、情感及行为。校园观念文化最重要的内容是一所学校独具特色的学校精神。学校精神是校园文化的核心和灵魂，它强大的影响力、感染力渗透在学校的各个方面，成为凝聚全体师生员工共同奋斗的精神动力。

第二，校园制度文化主要指以文字形态表达的学校的规章制度及固定的体制所体现的文化。学校制定的章程、条例、规定、办法、公约、实施细则等制度以及校风、校训等，它们保证学校秩序的正常运行，规范着学校成员的行为和作风，倡导与校园观念文化的价值观、审美观一致的学校风气，是观念文化在学校各方面管理上的体现。

第三，校园物质文化以实物形态表现出来，因此也称器物层面的文化，主要指学校的教学设施、生活设施、校园自然生态环境等，既是校园文化活动的物质保障，又在一定程度上制约校园文化活动的规模甚至质量。一般而言，物质文化是校园文化的实物化，是观念文化按照一定的规则经过实践改造以后的积淀。校园物质文化处于观念文化、制度文化的外层，一方面是因为在校园的整体布局、校园建筑结构风格、校园自然生态环境等物质建设上，积淀着师生的审美价值；另一方面是否自觉接受先进观念文化的指导，校园物质形态上所承载的文化含义是有很大不同的。在校园的物质设施基础上，通常凝聚了一定时代学校全体师生的文化思考，是最直观区别高校文化内涵的特征之一。

第四，校园行为文化主要通过师生的活动形态表现出来，是学校日常生活中人们最经常、最直接感受和表达的校园文化形态。相对行为文化而言，校园观念文化、制度文化、物质文化三个层次便有了资源性或环境性的作用，从内部支撑着校园行为文化，并形成学校跨校园文化交流的活跃局面。由于校园行为文化处于校园文化的最表层，因此，比内层文化更具有开放性、更加多元化。校园行为文化包括校风和校园内人们的日常言行及开展的各种娱乐性、学术性活动。校园行为文化一方面要受支撑它的内层文化的影响和支配；另一方面又要接受社会大文化的影响，对内层文化有反作用，它总是在承受内层文化的基础上又对内层文化有所改变。

（二）主体层次

如同每一个人都是社会的主体一样，每一个校园人都是校园文化的主体。但是，在校园文化的实践中处于不同位置和不同岗位上的校园人，对校园文化自觉认识的深度和广度客观上是存在差异的，因此，他们的主观努力对校园文化的形成、发展和稳定在某种状态所起的作用和影响也有差异，并且这种作用和影响的主要差异不是以个体的形式出现，而是以群体的形式出现。在高校现存制度下，从校园文化的主体考察，校园文化客观上存在领导文化、教师文化、学生文化三个层次。学生文化处于校园文化的最表面、最活跃的层次；教师文化处在中间的、稳定的层次，是校园文化的主导方面；领导文化以学校决策层为代表，处在校园文化的核心层次，是校园文化整体自觉发展、主动创新的源头。领导文化、教师文化、学生文化客观上存在差异，既以学校的办学理念为共同的基础，统一于共同的学校精神，又以各自的特色影响其他层面的文化。

第一，领导文化的主体主要是学校的党委和校长，以及高校二级管理单位的领导集体。现阶段他们的办学理念与教学思想，以及能否目光敏锐地站在时代潮流的前沿，通常是加速或延缓学校发展的决定因素，对校园文化的形成与传播发挥着巨大的影响。学校领导集体对校园文化有预见的倡导、决策和创新是培育和形成具有特色鲜明的校园文化的重要源泉，对各种社会文化思潮的态度，会极大地左右学校跨校园文化交流的方式和内容，影响校园文化继承民族传统、吸收世界文明及创新成果的进程。

第二，教师文化的主体是高校的教师与科研人员，教师也包括其他教育者，即学校员工，这部分人构成了高校的精华，是一所学校最重要的办学资源，是教学、科研和社会服务的主角，也是校园文化的主导力量。教师在某种程度上具有承上启下的作用：①教师的思想道德、文化修养、学术抱负及生活态度、一言一行对高校学生产生着深远的影响；②教师在教学、科研和社会服务中的活动，也影响着学校领导层的决策，他们在各种活动中传递的信息是领导层决策的重要依据。

第三，学生文化的主体是学校各办学层次的所有学生。高校的学生既是校园文化的主体，又是校园文化塑造的主要对象，是校园文化的重点受体。学生在学校的主要任务是在教育者的指导和影响下，通过学习获取知识，培养能力，养成品德，发展素质。

（三）职能层次

在校园文化中文化信息的传递由于学校职能部门的不同而具有差异性，从而使文化渗透影响的方式出现差异。按照校园文化的职能特征，校园文化可以分为决策管理文化、教学学术文化、生活娱乐文化三个层次。

第一，决策管理文化是指学校决策与管理的理念，以及相应的制度、方式和行为。不同理念、制度、方式和行为下形成的决策与管理，反映出来的价值观念与文化意义是完全不同的，对校园文化的形成、发展的结果也完全不同。透过学校的决策与管理，人们可以清晰地感受到一所学校校园文化的品位和学校精神。因此，从职能上，决策管理文化不仅是一个独立的校园文化层次，而且居于校园文化的核心地位，并统揽校园文化全局。

第二，教学学术文化是教学科研行为、结果和制度上透射出来的学校办学理念和办学精神。教学学术文化是校园文化的主要内容，也是高校文化区别于其他文化的重要特征。

第三，生活娱乐文化是在工作学习之外，在全体师生员工的生活方式与业余娱乐活动中表现出来的文化现象，是学校的价值取向对生活娱乐影响的结果，它处在学校主流文化的外层，与决策管理文化、教学学术文化既有相关性，相互间的作用又不十分紧密。它是学校中最广泛存在的一种文化形式，表现在各种有组织的或自发的活动之中，有很大的随意性、松散性。校园生活娱乐文化与社会大众文化在本质特征上虽然没有区别，但它是校园文化中不可缺少的层次和内容，是有机的组成部分。

（四）时间层次

从文化演变的时间过程上，校园文化可以分为传统文化、现代文化和后现代文化三个层次。

第一，校园传统文化是指在学校发展过程中形成的习惯、历史记录、传统的体制机制和文化心理等，是学校发展史上被广大师生认同的内容。

第二，校园现代文化是指具有时代特色、在文化交流中出现和形成的思想观念、制度体制、言行变化等，如校园网及网络文化、精英教育向大众教育转变后的观念方式变化与体制机制变化、对校园生态环境建设的重视与环境观念的变化、适应市场经济的道德观念和言行、现代尖端科技的出现及年轻专家学者的大量涌现等。

第三，校园后现代文化是校园文化的发展趋势，是面向未来的校园文化。教育是面向未来的，这要求教育既要为未来社会培养人，又要研究未来社会的教育形态。目前，大众化的教育模式已经形成，高校教育改革趋势日渐清晰，这些都要求校园文化的创新发展。

三、高校校园文化的作用

（一）积淀学校成长发展的精神

国家有国家文化，民族有民族文化，企业有企业文化，一个学校也要有它的校园文化。校园文化不仅表现在学校的校园环境、基本建设，更重要的是学校的人文环境。健康向上的校园文化是学校持续健康发展的精神支柱和根本保证。

学校校园文化是长期的办学实践所形成的历史沉淀物，它体现着高校的理念，还体现着高校对人的价值和生存意义的关怀，同时又以价值观念和行为规范的形式约束着每个高校学生的行为，显示着高校超强的育人功能和不同于其他机构的气质特征。所以，学校校园文化应是高校精神的最直观体现，在实现其培养目标的过程中，不可忽视全面、系统、丰厚的校园文化在其中起到的重大作用。

校园文化是学校自身精神的体现，而高校精神不可能自发形成，也不可能在短时间内铸就，这需要历史的积淀、继承和再造。纵观学校发展史，每所成功的高校都离不开高校精神的支撑，而高校精神传承的重要载体就是校园文化。置身于健康向上的校园文化氛围之中，学生在耳濡目染和内心体验中能受到心灵的感染、情操的陶冶、哲理的启示，起到统一思想、凝聚人心、理顺情绪、振奋精神的作用。因此，学校必须十分重视先进文化对学校发展的深刻影响，塑造和铸就出蕴含独特个性又与时代发展相适应的校园文化，推动学校自身的发展。

（二）促进学校教育目标的实现

如果说高校精神是一所高校的灵魂，那么校园文化便是高校精神的重要体现和主要载体。校园文化是学生精神面貌的集中反映，是学校文化底蕴的集中体现。所以，每所学校就在各自不同的文化氛围里形成了互不相同的学风、校风、学校精神，互不相同的学风、校风、学校精神在学子身上的体现就形成了不同的校园文化。

优秀的校园文化已经成为学校发展的一种核心力量，并渗透于学校的所有教育、教学管理活动之中。在学校内部，校园文化对师生员工起着整合、导向、凝聚、规范和激励等作用。校园文化一旦形成，就会成为约束人的行为的非正式控制规则，从而促使人们放弃一些不适宜的行为习惯和利益取向，形成共享目标、荣辱感和奉献精神。同时，能使人际关系更加融洽，组织之间更加协调，内涵发展更加持续。校园文化是学校整体育人环境不可分割的重要组成部分。加强校园文化建设，有利于进一步夯实素质教育的物质基础，提高学生的审美意识；有利于培养学生良好的行为习惯，提高学生道德素养；有利于丰富校园生活，培养学生创新精神和实践能力。加强校园文化建设的过程，就是促进学生全面发展，促进学校管理的科学化、规范化的过程。校园文化建设所形成的学校精神、校风、校训和规章制度能有效地规范师生员工的行为，使其明确各自的职责要求，提高管理工作的质量。从一定意义上而言，高校校园文化建设能有效地促进教育目标的实现。

四、高校校园文化的功能

（一）辐射功能

校园文化的辐射功能，是指校园文化一旦形成较为固定的模式，不仅会在校园内发挥作用，也会通过各种渠道对社会产生影响。学校是传播精神文化的场所，放在社会的整体上，高校教育本身就是社会文化的重要内容，因此，校园文化的层次和品位会相对高于一般的社会大众文化，并在与社会文化的互动中形成学校文化场，"学校文化场"对社会的辐射具有其他文化无法比拟的功能优势，不仅表现为向所在地区、向社会源源不断地输送一定数量的高素质的文化人，还在文化建设的模式上为当地和更大范围的地区，对当下和往后的社会发展提供范例。校园文化往往居于一个地区社会文化的较高层次，其思维方式、情感方式、行为方式、文化模式等在该地区会产生广泛的影响。

1. 校园文化是社会精神文明的内容

高校校园文化是高校精神的表现形式，也是高校精神的具体化。校园文化是精神文明建设群众性文化的一个有机组成部分，在培养跨世纪人才方面有着重要的地位和作用。高等学校是融知识集成、科研技能和素质培养为一体的高级人才培养基地，健康向上的校园文化则为高校学生全面发展提供精神环境和文化氛围，以其强大的感召力实现对其精神、心灵、人格的塑造，陶冶情操，提高综合素质。

加强校园文化建设是促进精神文明建设的重要举措。校园文化是整个社会文化的重要组成部分，是精神文明的重要内容。学校作为精神文明建设的重要阵地和窗口，加强校园文化建设，不仅可以为广大师生营造一个良好的学习、生活、工作环境，陶冶师生高尚的道德情操，培养积极向上的人生精神，提高师生文明程度，还可以通过学校辐射社会、示范家庭，积极推动整个社会的精神文明建设。

（1）对文化的传承与发展功能。校园是人类文化传递的有效场所。校园文化认同和继承现有的文化成果，包括科技知识、思想观念和社会规范等。所以，我们的教育必须面向现代化、面向世界、面向未来。要根据社会的要求重新筛选，加以整合，使之发展。继承性和发展性是校园文化的一大特点，也是校园文化的一大功能。

（2）对外来文化的吸收和批判功能。置身于民族文化的背景之中，通过学术交流，外来文化在校园中交锋、交融。校园文化是中外文化的中介，在对自身文化发展的反思和对外来文化糟粕的批判中进行有效的选择。

（3）对先进文化的传播功能。学校不仅能生产先进文化，还能传播社会的先进文化。这种传播有多种渠道，主要是学校文明形象的传播—培养人才的传播—对外交往的传播等。学校校园文化的这一功能，在全球化背景下，有利于国家发展、学校进步、个人成长，这是毋庸置疑的。

2. 校园文化对社会文化变革的方式

校园文化不只在学校内部起作用，而且会通过各种途径传播到社会上，对社会产生影响，这就是校园文化的示范和辐射功能。优秀的校园文化是一所学校的精髓和灵魂，是构成高校办学实力的重要组成部分，对其他学校和社会组织可起到示范作用。优秀、先进的校园文化会通过自己的学生、教职员工及科学技术成果、舆论宣传和丰富多彩的活动辐射到社会上，对社会先进文化的建设起着引导与创新作用，有力地改善和调节着社会文化的大环境。

校园相对分离于社会，育人功能又客观地要求一种更加净化的、更符合社会理想的文化氛围。校园文化影响社会主流文化变革方式，主要是通过校园人直接作用于社会的文化行为以及这种行为的示范作用。校园人一直是其他群体羡慕、模仿的对象。再有就是校园文化的渗透作用，高校学生离开校园进入社会，其校园文化行为的惯性作用在一定时期内会对社会主流文化产生影响。有胆识的政治家善于以社会主流文化主导校园文化，并改革教育制度，培养锻炼出一批具有全新观念的事业接班人，进而推动整个社会的变革。所以，要从宏观的角度，从改革的全局来规划并指导校园文化，使校园文化建设成为精神文明建设的助力器、净化器。

（1）校园文化往往是新思想的策源地。校园集中了社会上大部分思想家和人文社会科学研究者，他们接受新信息较快，思考问题理论化和专业化的水平都较高。此外，他们存在的使命和价值就是成为社会的良心和大脑，有责任有义务为社会做宏观、长远和深层的思考，给社会把脉，替社会谋划，为社会探索。在对外引进和自主独创两方面，具有一定的领先性、前导性甚至是超前性。

（2）校园文化也是新科学、新知识的策源地，校园的使命就是探索与传播新科学、新知识。大多数的科学发明和技术创新都出自校园，教授们的课堂也不限于校园内，会吸引社会上各种人才定期涌入校园充电；教授们也可以走出校园，把科学新知识带入社会中。

（3）校园文化在社会文化中属于高知识含量的文化。文化的形态是多方面的，但文化发展程度与科学知识发展程度密切相关。科学知识发达，人们的观念易于更新，思想趋于开放，学习新事物、接受新变革的能力强，综合素质高，这就突出了校园文化的优势，必然对社会产生冲击力和吸引力，引起社会普遍的仰慕和效仿。

（4）校园文化也是社会新风尚的首倡者和推广者。由于校园是由高文化素质的人群组成，其风格与生活方式对社会有一定的楷模作用和示范作用，特别在礼仪、文化、艺术诸方面，往往起到社会先锋作用。

3. 校园文化是社会精神产品的来源

高校的创造力为其走在时代前列提供了无限的动力，而高校特有的思想兼容学术氛围又保证了各种思想观念的碰撞，有利于较为和谐的精神环境的形成，以及良好有效的高校精神产品的创造。

高校是学术的殿堂，创造精神产品保证高校在科学技术发展史中的重要地位，创造精神产品也为高校在教育系统中不断以全新的知识教育高校学生提供了有力的支持。此外，精神产品的创造更是对社会的直接贡献。

教育是面向未来的事业，学校既是为社会培养各类高级专门人才的教育机构，又是传播和发展科学文化，建设精神文明的重要场所。目前从总体上看，校园文化的选择，无论是在科学文化领域，还是在思想、道德、审美等方面，以及在生活行为方式上，都更多地反映、传播和发展了那些先进的、高雅的东西，更集中地弘扬和展示了那些社会中光明、美好的一面。在社会文化中，即使是社会允许存在的，也有高雅与通俗之分，校园文化更多地倾向于高雅文化，具有其先进性。

校园文化对民族文化的再创造和更新具有一定的导向作用。它通过吸收中西方文化，在校园文化这块阵地上碰撞、交融，从而产生新的思想和观念。一方面，对高校学生的思想、观念、心理素质、行为方式等产生一定影响，逐渐积淀为高校学生文化心理深层结构中的一种意识。这种新文化观念通过走上社会的高校学生得以发扬光大，影响我们民族的心理或民族精神。另一方面，学校出现的新思想、新观念通过各种渠道涌向社会，不断渗入民族文化深处，有力地对传统文化进行挑战，从而促进民族文化的更新和再造。

（二）育人功能

以价值观为核心的校园文化是现代高校教育中不可缺少的重要组成部分，对学校的发展而言是一种内在动力。学校校园文化的最核心功能是育人功能，校园文化建设的主要目的是育人，具有导向、激励、约束、调适（协调规范）和凝聚等各种功能。

1. 导向功能

学校校园文化的导向功能，指校园文化通过自身各种文化要素集中、一致的作用，对校园整体和校园人群的价值与行为取向产生引导作用，使之符合学校所确定的目标。

校园文化具有导向功能，因为一个学校的校园文化一旦形成，就会形成自身系统的价值体系和规范标准。人的观念、思想和行为受周围环境的影响，特别是文化环境。当学校的成员在价值取向和行为取向与校园文化主导价值观念产生对立时，个人在校园文化的强烈影响下就会倾向于慢慢接受学校文化的引导，在潜移默化中接受周围的共同价值观，使自己的价值取向与学校的价值取向和谐一致起来。

校园文化受学校发展理念和校园人个体的主体性行为的影响，同时受社会经济、政治、文化要求的引导。前者是校园文化发展的内因，后者是外因。自觉的校园文化——内因的变化为自身发展变化的主要根据，反之，以外因的变化为主要根据的校园文化则是自在的文化。校园文化中这种自觉因素与自在因素的互动，构成了校园文化发展的动力。例如，随着市场经济的不断发展，社会向人们提出许多新要求，如主体意识、竞争观念、效益观念等，是反映时代要求的新观念，它对校园人会产生积极的推动。

学校校园文化的导向功能，主要通过各种具体的文化要素实现。在现实的学校环境中，从物质环境到文化活动，从集体规范到人际关系，从人们的举止仪表到教室的装饰布置，都给生活于此环境中的校园人提供了一个具体可感的参考系，并传递出一定的价值观信息，从而使校园人积极地从周围环境中接受那些大家所公认的或学校倡导的价值观与行为准则。

每个社会都存在文化规范和文化价值的复杂体系，它自觉或不自觉地规定着某些个人和整个集团的行为。校园文化对其主体的导向是多方面的，概括起来，具体表现在以下方面：

（1）目标导向。学校教育都具有相当明确的方向性，培养人的目标非常确定，所以，不同的学校在校园文化建设中，始终围绕着自己的培养目标而努力。同时，培养目标确定了校园文化对其主体的导向。校园文化的目标导向既包括群体目标，也包括个体目标，如制定学校发展战略，教师个人科研目标和教学目标，培养教育学生所达到的合格率、达标率等。而作为反映主体的生活信念、价值观念、行为方式的校园文化是广大目标模式在不同条件下物化为各种不同类型的文化活动，从而直接、有目的、有步骤地引导个体的发展。有时若干个体的发展趋向一致则集合为群体，也就成为群体的发展。

（2）价值导向。价值导向也叫价值指引，校园文化导向作用会因其培养目标的不同而不同。此外，校园文化引导其主体深入社会、了解社会、服务社会，提倡理论联系实际，努力把自己培养成合格的建设者和接班人。总而言之，价值导向是校园文化的深层面文化在发挥作用，换言之，精神文化是通过价值观念来导向规范其主体行为的，这种导向是由不同的价值观所决定的。

（3）需要导向。所谓需要导向就是校园文化的主体对文化的一种需求，它包括对不同层面文化的需求，而校园文化正好能提供不同层面的文化来满足其主体的需求。这种需求是影响人们积极性的最深层原因。

校园文化既能为主体的精神需要提供导向，也能在一定程度上为主体的物质需要提供导向。校园文化的主体既是文化的创造者，也是文化的享受者，是集生产与消费于一体的校园文化主体。这里所说的"享受""消费"就是指"需要"，需要导向，换言之，是对校园文化主体的一种满足的引导。但是，必须注意满足的是积极健康合理的需要，而不是满足那些不合理的、消极颓废的、不健康的需要。要使校园文化的导向功能既符合师生员工的需要，又能促进师生员工向上。

（4）动机导向。要适时地激发动机，要在合理地满足校园文化载体需要的基础上，充分运用一定的诱因，导向人们的积极行为动机。其方法是通过校风、校刊、校园精神以及表彰先进、奖励优秀、树立榜样的方式，引导人们勤奋学习和工作，使校园内形成优良的教风学风，进而形成一种能够使人奋发向上、艰苦求实、开拓进取的精神，促使校园文化主体成长为具有优秀品德、高尚气质的人。

2. 激励功能

学校校园文化的激励功能，是指校园文化具有使高校学生从内心产生一种高昂情绪和发奋进取精神的效应。这种积极向上的思想观念及行为准则可以形成强烈的使命感、持久的驱动力，成为高校学生自我激励的一座航标。一般而言，激励作用主要产生于三方面，即物质性激励、精神性激励和竞争性激励，校园文化对学生的激励作用更多地表现为精神性激励。

校园文化的核心是围绕学校的发展目标塑造共同的价值观，共同的办学理念和价值观创造的校园文化氛围，使每个校园人都能体验自身行为对学校的价值所在，产生一种自我增强的激励机制。需要唤起动机，动机引起行为，行为指向目标。激励问题换言之是满足需要的问题。人们高层次的需要只能通过自我激励来满足。作为自我激励机制，使每个成员的进步都能得到奖赏，做出的贡献都能得到奖励，由此激发广大高校学生为把自己培养成社会需要的人才而刻苦学习，不断进取，激励教职员工为实现自身价值和学校发展而勇于牺牲，乐于奉献。

学校校园文化使高校学生置身于良好的心理氛围和人际环境之中，获得各种精神需要的满足。同时，也为校园人提供了文化享受和文化创造的空间，提供了文化活动的背景以及必要的活动设施、模式与规范，高校学生的兴趣、理想与信念在此得以实现和升华。学校校园文化氛围中种种诱因激发学校成员产生并维持积极的行为机制。学校校园文化以其激励优势来满足校园人多层次、多样化的需要，并对那些不合理的需要，通过校园精神的调节，使其趋向合理，推动个体积极向上，从而形成学校的活力，形成奋发向上的整体力量，使学生自我激励，形成一种激励环境和激励机制，进而产生持久的驱动力。

校园文化建设的激励功能渗透在学校工作的各个方面。例如，在学校文化建设中，师生员工需要美丽、整洁、舒适的校园，需要健康、丰富的精神文化生活，需要优良的校风、教风和学风，需要发挥个人才能特长的条件等。而这些需要只有在一定的目标要求下，在文化建设的过程中才能达到最理想的效果。学校要通过开展各种文化活动强化师生员工建设校园文化的动机，并导入校园文化建设的具体目标，激励学生在共同努力下，把需要变成现实。这种激励功能是为培养合格人才服务的，它不仅调动学生的积极性和强化他们实现目标的意识，还通过激励作用，培养学生的集体主义观念和高尚的人格品质，促进学生之间相互学习、相互帮助和共同进步。

3. 约束功能

学校校园文化的约束功能，是指校园文化对每个校园人的思想、心理和行为具有约束和规范作用。校园文化的约束通过营造一定的思想氛围、道德氛围和行为氛围，影响学生的价值观、道德观和行为心理间接地、软性地实现。在通常情况下，群体意识、社会舆论、共同的风俗和风尚等精神文化内容，对个体行为产生强大的大众化的群体心理压力和动力，在每一个学生的心理引起共鸣，进而产生行为的自我控制，使行为与学校的整体要求一致。校园文化的约束功能主要源自制度文化、行为文化层面。校园文化的约束功能具体如下：

（1）制度约束。为保证学校师生员工的正常工作及学习、生活和娱乐，在学校工作中，必须对师生员工施行全面、严格、科学的管理。包括行政管理、教学管理、思想政治教育管理、后勤管理、学籍管理、实习管理等。科学有效的管理最重要的是建立严格的规章制度，以制度为准绳，按规章办事，在制度的约束下，规范师生员工的行为习惯，师生员工严格遵守，都按照规章制度的要求有序地生活、工作和学习。

（2）行为约束。行为约束是校园文化中行为文化的功能在发挥对人的影响作用，行为文化主要包括校园文化主体的各种行为方式。例如，严谨、求实、艰苦、开放、活泼、团结、紧张、严肃等都是校园载体形成的行为方式。一种行为方式在某一群体或个体中长此以往地坚持，可以形成一种相对稳定的传统模式，这种模式表现在一所学校就是校风，表现在一个班上就是班风，表现在教学上就是教风，表现在学习上就是学风。一旦这种校风、班风、教风和学风形成后，它必然对其载体产生一种无形的约束支配力量，生活在其中的每一个人都会受其影响，尽量使自己的行为方式规范在形成的传统模式中，同时，也都会自觉地去维护、去遵守，并受其约束。

（3）舆论约束。舆论是社会生活中一部分群众或一定集团，对某种事态发展所持的大体一致的意见，是一种社会思潮，具有支配人类行为道德的一定权威性和无形的约束力。换言之，舆论对人的言论和行为是有约束功能的。学校内的报刊、广播、橱窗和闭路电视等都是校园文化的组成部分，它们又是舆论工具，通过宣传校园主体对某种行为的肯定或否定的意见形成强大舆论，某种舆论给某件事、某种行为是正确还是不正确定了一个标准，进而形成一种群众共同遵守的原则，这种标准和原则对校园主体的行为规范，就是舆论约束力，如为了搞好校园绿化、美化学校环境，学校可制定一些爱护树木花草、景点设施的规定，通过宣传教育，形成强大的舆论氛围，成为学校广大群众的共识，有了约束力，花草树木、景点设施的爱护者会受到赞扬表彰，损坏者也会受到批评处罚。所形成的舆论给每个人以压力，对每个人的行为予以规范和约束。

（4）道德约束。道德是历史的产物，是一定的社会为了维系社会生活而产生的。人类社会由于社会分工的出现，社会组织形式的不断发展，人们在生产、分配和日常交往中，形成了一定的经济社会关系。为了调整人与人、人与社会的关系，维护社会秩序，需要对人们的行为加以约束，对各种利益关系加以调整。道德约束就是为了协调人类的社会关系而产生的一定的准则和规范。

道德具有多种特征，其中最重要的特征是它的"规范性"。道德属于精神文化的范畴。所谓道德的"规范性"，就是指道德是用善恶来认识、评价和把握社会生活中人与人之间的关系，并且表现在道德现象的各个方面。文化的目的就在于促进人们的道德发展，使他们达到道德的状态，所以，校园载体都必须受制于校园文化的道德规范或道德制约，使其道德得以发展，达到道德状态。校园文化对师生员工的道德都有规范制约的作用，教师要有高尚的师德，学生要有良好的品德，职工要有良好的职业道德。不仅要受到一定道德的规范、约束和支配，还要共同遵守社会公德，并在相互交往中创造新的道德。我们要创造具有良好道德标准的校园文化环境、陶冶校园文化载体的高尚情操。

总而言之，人的一切活动都要受到现实文化——文化客体的规定、限制和约束，它是针对现实文化的行动，它的文化变革方式和意向也是在现实的文化客体本身提出的要求和设定的前提下产生的，它对理想文化的追求也限于现实的文化客体所提供的条件。同时，人的素质也必然要受到现实文化的规定，现实的客体文化虽然是主体内在素质的展现，但反过来它又塑造了主体的素质。

4. 调适功能

学校校园文化的调适功能，是指校园文化要在学校内部创造一种情感相通、关系融洽的和谐环境。注意启发全校成员的内省力，使人际关系和谐；注意满足学生感情和价值实现上的需要。校园文化消融的是"板结"面孔，消除的是"板块"结构，以目标和价值认同来统一全校学生的行动，以情感联络为纽带协调人际关系，发挥协调功能。换言之，校园文化通过创造一致的精神气候和融洽的文化氛围，形成一种有效的"软约束机制"，以消除人们心理上的自我干扰和行为上的相互摩擦，减少内耗，协调人际关系，使个体的潜能得到进一步的发掘和发挥。例如，沁透了校园文化精神的学校校规校训、校风校貌、校内人际关系、道德风尚等，对学校每个成员的思想和行为都起着一定的约束作用，是一种由内心心理制约而发生作用的自我管理和约束，它是通过学校成员自省时的内疚自责而改变不良行为的约束。

学校校园文化的调适功能主要体现为三个层次：①学校中师生个体行为相互配合，从而产生最优绩效；②局部工作上的协调，主要指学校各部门的相互配合与支持；③精神上的相互协调、相互认同，互为精神支柱。这种协调是最高境界的协调，是信仰上的理解，追求上的默契，人格上的认可，品德上的尊敬，情感上的融洽，价值观上的基本一致，行为上的相互信任。

学校校园文化的调适功能主要是相对人际关系矛盾特别是思想的矛盾而言的。对教师而言，良好的校园文化能促使同事之间在精神上相互认同、互为支柱。在校园精神文化的烛照下，同事之间理解、尊重、信任，构建形成和谐的人际关系。对学生而言，健康向上的精神文化，有利于学生化解不良情绪，放松紧张心理；启迪学生正视自我，愉悦身心，克服困难，增加信心，增强自我调节能力，增强奋发向上的动力。

在学校内部物质利益分配、管理体制革新、人才培养的实践过程中也会产生思想的碰撞，最终形成学校校园人群体整体目标的和谐一致。良好的校园文化及其运作机制应当有利于人们情感的宣泄、思想的传播交流、认识上的调整统一，从而潜移默化地协调人们的认识偏差，永远能理解真实的生活和真实的人生；同时，引导整个学生群体价值观的整合，获得个体和群体在发展目标上的一致，形成爱校、建校目标的一致性，为理顺关系提供软环境、软机制，并为解决矛盾提供理想的渠道。

5. 凝聚功能

学校校园文化的凝聚功能，是指当校园文化中以学校精神为核心的价值观被校园人共同认可之后，在全体校园人中产生强烈的认同感和归属感，使个人的信念、感情、行为与学校的目标有机统一起来，形成稳定的文化氛围，凝聚成一种合力和整体趋向，从而产生一种巨大的向心力和凝聚力。

凝聚力是一种精神动力。民族的凝聚力是综合国力的重要部分。高校学生的凝聚力是学校战胜一切困难，促进发展的重要力量。校园文化建设的凝聚功能是在师生员工的共同努力下形成的，是被全校师生员工认同而又具有独特风格的学校精神。学校校园文化的凝聚功能主要体现在：巩固现有师生的团结，对于新加入的师生起转化、融合的功能。校园文化中所蕴含的价值观被学校成员共同认可后，这种价值观便成为师生的黏合剂，从而产生巨大的向心力和凝聚力，从各个方面将广大师生团结在一起，使全体师生乐于参加学校的建设，发挥各自的潜能，为办学目标的实现做出贡献。对学校新成员而言，良好的学校校园文化具有辐射、转化、融合的功能，新的师生经过耳濡目染，会潜移默化受到熏陶，逐步融入学校整体中去，成为校园文化的继承者和传递者。

在学校人际关系融洽、和谐和进取的基础上，当师生的个人发展要求、兴趣爱好与学校精神融为一体时，将会产生巨大的凝聚力，这种凝聚力又将会促使师生认同学校的传统合作，找到自己在学校发展中的责任和使命，产生维护学校精神的强烈归属感和责任心，愿意和学校同呼吸共命运。学校要通过有计划、有步骤地开展师生喜闻乐见的校园文化活动，激发师生的兴趣，让他们产生积极参与和合作的热情，充分发挥和展示他们的才智和积极性，让师生员工的个人发展要求、兴趣爱好与学校精神融为一体，形成统一的价值观和行为准则。底蕴深厚、健康向上、丰富多彩的校园文化将高校学生的兴趣爱好、青春活力集中于人格的完善、学业的完成和素质的提高上，从而减少不良文化的影响和不良行为的发生，达到促进学校稳定和发展的作用。学校工作就会产生巨大的向心力和凝聚力，校园文化也就会升华为一种促进师生员工奋发向上的学校精神。

第二节　高校校园文化建设及其有效方法

一、高校校园文化建设的认知

"校园文化建设是高校建设的重要组成部分，它是校园物质条件的建设与校园人文建设的有机结合，是高校灵魂的象征。"① 学校校园文化建设同人类的其他社会行为一样，是有意识、有目的的活动，有其自身应该遵循的理念和指导原则。正确地理解和掌握这些理念和原则，既是对校园文化建设本质认识的深化，也是科学实现校园文化建设的重要前提。理念和原则既有联系，也有区别，二者都是校园文化建设的基本要求，但理念侧重于思想理性层面的要求，原则着眼于方法、手段、措施层面的要求。

（一）校园文化建设的理念

学校校园文化建设的理念决定校园文化建设的性质，直接关系校园文化建设目标的实现。"校园文化是一个社会时代精神的缩影，直接反映了高校的办学思维及育人理念，是一所大学的立校之本"②。准确把握和理解校园文化建设的理念，是提高校园文化建设的科学性和有效性的基本条件。学校校园文化建设应该把握的理念有很多，其中最为重要的是：建设和谐校园、以学生为主体与坚持开放教育等。

1. 建设和谐校园

校园是社会的特殊组成部分，所形成的独具特色的校园文化在中国社会中具有强大的影响力，有时对中国社会及文化意识的冲击具有深远的影响。在和谐校园文化构建中只有从内涵着手，使物质文化、制度文化、精神文化有机结合，共同建设，才能真正发挥导向辐射功能、教育净化功能、陶冶塑造功能、凝聚激励功能、约束规范功能、调适慰藉功能。良好的校园环境，可以增强师生的内聚力和荣誉感，既是校园物质文明建设的成果，又是学校精神文明建设的反映。因此，学校在校园规划设计中不但要符合建筑学、教育学方面的要求，更要符合学校长远发展的要求，根据学校环境特点、专业性质、自然人文条件等，做到既能古今传承，又具有时代精神和教育意义；既要体现青年学生生动活泼、充满朝气的特点，又要体现学校的办学理念、治学风格，以振奋精神，激发理想，催人向上，做到人与环境、自然的和谐。

（1）建立和谐的校园人际关系。良好的人际关系对学生有潜移默化的影响，有利于促进学生学习成长、良好品德的形成。校园人际关系包括师生关系、同学关系、同事关系等。教师在做到热爱学生、尊重学生、善待学生的同时，还应以理服人，取信于人，以身作则，为人师表。此外，引导学生尊敬教师、勤学守纪、胸怀大志，只有在此基础上形成良性互动，才能建立起和谐的师生互尊关系。

---

①吴乌云格日乐. 内蒙古高校校园文化建设层次结构分析［J］. 民族高等教育研究，2013，1（5）：52.

②王琦，马众. 高校校园文化建设问题研究［J］. 山东青年，2017（6）：46.

（2）强化依法治校、规范办事程序，进一步依法据情修订完善一系列校园管理制度，使学校管理工作走上科学、规范的"法治"轨道，并保护好学生、教师的合法权益，促进育人工作的健康发展。要发挥科技学术活动的龙头作用和高雅文化艺术的熏陶作用，引导学生崇尚科学、培养创新精神，提高高校学生文化素质及校园文化品位。

（3）加强网络阵地的文化建设，扩大校园文化建设覆盖面，如建立思想政治工作的专业网站、网上心理咨询工作室，开展各种网络科技活动等，发挥网络的教育引导功能。利用各种形式与社区文化、村镇文化、企业文化、军营文化进行沟通和交流，取长补短、共同提高，发挥校园文化的辐射功能，推动整个社会文化的发展繁荣。

2. 以学生为主体

在校园文化建设的实际工作中，也必须牢固树立"以学生为主体"的理念，体现"以学生为主体"的思想。

主体性是作为活动主体的人在同客体相互作用时，由自身一定的素质结构所产生的功能表现，是人的本质属性的最高层次，是全面发展的人的根本特征。就教育领域而言，主体性主要是指学生的主体性，包括两方面的含义：①学生在自我发展过程中的主体性，是教育者在教育过程中需要调动、培养和提高的学生学习的自主性、主动性、创造性和社会性，其中包括学生自我教育、自主管理、自我发展能力的特性，是学生学习的内在动因的主要部分；②人在历史发展过程中能独立自主地发挥能动作用，从而成为社会历史发展主体的人，主体性是教育的重要内容、任务、目的和归宿。具有主体性的人能够正确地认识事物、认识自己，掌握规律，改造世界，实现自己的目的，做到一般被动的人做不到的事情。主体性发展是培养全面发展的人的基础和核心，主体性发展水平的高低是人的发展水平高低的根本尺度，是衡量教育质量高低的重要标志，也是衡量一个社会进步程度的重要标志之一。因此，实现学生的主体性发展应当是教育的重要内容，坚持"以学生为主体"的理念应当是学校教育的基础性、核心性工作。

学校的办学质量和办学水平如何，不仅是学校的问题，也与学生的参与，学生的积极性、自觉性及对学习的认识、态度、动机，都有非常密切的关系，甚至从某种意义上取决于学生的努力。学生是学校重要的正式成员，这从根本上就决定了学生在学校的主人地位，也就决定了学生本身就具有这样的主体性，而且这种地位也要求他们具有这样的主体性，这种主体性不仅是他们的权利，更是他们的责任和义务。不能把赋予学生这种主体性仅看作是学校领导和教师的一种责任，而且要让学生认识这种主体性是自己的义务和要求，是学校的主人就应该对学校负责任，应该对自己的学习负责任。

在校园文化建设过程中，坚持"以学生为本"的理念，从根本来看，不仅是让校园文化服务于学生，发挥它的育人功能，而且更为重要的是为了更好地发挥学生各方面的积极性和主动性，让他们广泛参与到校园文化建设中来。对今天的学生而言，他们所面临的知识不是太少而是太多了，在校学习所面临的困难，不是如何吸收知识，而是如何选择对自己有价值的知识和活动。通过校园文化建设等活动，引导学生在浩瀚的知识海洋中选择更适合我国国情、更适合自己或更适合某个特定目标的知识。校园文化建设的重要任务之一就是要让学生学会选择，而且具有这种进行选择的主体性能力，使学生成为学习的主体，充分发挥其主动性、主体性，从而实现我们的教育目标。

3. 坚持开放教育

（1）从教育市场的角度看，坚持开放教育的理念，是开辟国际国内教育市场，进一步提升中国高校教育竞争力的本质需求。随着市场进一步开放，高校教育将更加直接地与其他国家一起争夺国际国内市场。国外高校已率先启动了教育全球化的步伐，澳大利亚、新加坡等国已经把吸纳外国留学生作为政府财政收入的重要手段。因此，更要树立和坚持开放教育的理念，主动适应国际竞争的巨大压力，开发各类教育市场，使中国的高校教育在激烈的国际竞争中占有重要位置。要加快自身建设的步伐，从校园环境、设备条件、科研意识、校风学风、人才培养、管理质量等各方面提高标准。同时，也要积极参加国际交流活动，走出去，到国外去吸引和招收留学生，采取联合办学、奖学金等各种措施来激励国外的生源，增加外汇收入。

（2）从文化交流的角度看，坚持开放教育的理念，既有利于传播祖国悠久的文明和文化，又有利于校园文化的巩固和提升。只有积极弘扬、宣传和发展我国的优秀文化，才能抵制消极影响，进而扩大中国先进文化在国际社会上的影响力。这就要求我们学校的校园文化既要坚持走出去，确立自己的地位和影响力，拓展自己的教育领域，又要广泛吸收和借鉴国外先进的科学知识，特别是校园文化建设的成功经验，开阔视野，使我们的校园文化在保持自己的传统和特色的同时，顺应世界文化发展的潮流，不断丰富，不断发展，保持旺盛的生命力。

（二）校园文化建设的原则

学校校园文化建设的原则是为了实现校园文化建设的目标，在总结实践经验的基础上制定的、实施校园文化建设所应该遵循的基本准则。正确地掌握和运用这些原则是遵循校园文化建设规律、实现校园文化建设目标的重要前提和保证。

1. 物质与精神文化统一原则

校园物质文化建设是校园中各种可见的、有形的、自然的文化特征，它们显示在校园空间中，反映一定群体的精神风貌、审美情趣、价值取向。校园物质文化景观作为人类空间设计的特殊产物——育人的场所，集中反映了一个国家文化价值观念的主流，尤其反映了教育目的的价值取向。学生生活在其中，会受到潜移默化的教育影响，形成相应的文化观念，拓宽自身的生活视野。

校园精神文化建设是学校在长期办学过程中形成的一种学校意识和文化观念，是深层的校园文化，是校园文化的核心，体现着校园文化的方向和实质。当代社会的精神文化内涵丰富，科学精神、人文精神和创新精神是其主要方面。在校园文化建设的系统中，精神文化对学校的发展和师生群体积极向上的思想行为的形成有着不可替代的作用。首先，由于精神文化反映了学校最重要的价值取向，因此，在很大程度上影响和主导着师生的价值取向，可以唤起师生高尚的情感，影响和形成他们真善美的德行和品格，从而表现出价值导向的功能；其次，培养"以校为荣，为校争光"的家园感情，增强师生的向心力、归属感和责任感是学校精神文化建设的立足点，这种借助精神纽带吸引和团结校内所有成员，并唤起和建立起来的求实、求真、求新精神和高度和谐、信任、友爱、理解、互尊的群体共识，有利于排斥任何有悖于校园精神的离心情绪，形成校园群体共同拥有的责任意识、归属意识、集体意识、创新意识，增强校园凝聚力；最后，由精神文化产生的教育环境和精神氛围，对学生本身就是一种潜在心理压力和动力，客观上还可以形成一种学校规范和约束的效果。

校园物质文化与精神文化是一个有机整体。物质文化是校园文化的物质载体，是整个校园文化的外在标志，其核心内涵是校园文化中特殊的精神文化因素。物质文化建设的目的应该是使其成为承担精神文化的载体，建设物质文化不是目的，而是手段。精神文化建设隐含在物质文化建设中，它是校园文化建设中实质性和根本性的组成部分，是校园文化存在的价值意义，是校园文化建设的根本目的。

2. 科学与人文精神统一原则

科学精神与人文精神是人类精神不可或缺的重要内容。科学精神伴随人类科学活动的产生而产生，发展而发展。从早期崇尚自然、追求和谐、坚持思考，到今天人们在生产生活实践基础上，形成勤于探索、善于启智、精于研修、敢于怀疑、勇于创新的精神，使当代的科学精神有着全新的内容：①随着科学理论的升华和科学技术的进步，科学实践已成为人们生活方式的一部分；②对"科学技术"的功用辩证地把握，既要积极促进科技发展，又要通过人类共同的努力，防范其产生的不良后果。人文精神则是从"人文主义"演变和引申过来的，主要是从文化上，尤其从人文科学的背景上来探讨人的问题。人文精神是整个人类文化所体现的最根本精神，换言之，是整个文化生活的内在核心，以追求真善美等崇高的价值理想为核心，以人自身的全面发展为终极目的。

科学精神与人文精神两者是辩证统一的，它们都贯穿在科学探究和人文思考过程中，是人类实践的精神实质。从总体上看，科学精神与人文精神表现出这样的关系：科学精神以物为尺度，追求真实，推崇理性至上，探索无禁区等；人文精神以人为中心，追求美好，肯定认识有禁忌等。这些特点使得它们主导了人类认识和观察世界的两种基本方法，两个重要维度。虽然科学精神和人文精神在关注的对象上有所不同，但在精神实质和深层底蕴上则是互通和互补的，都力求逼近真善美的理想境界。科学精神和人文精神既互相促进，又相互限定，对社会进步和人的发展具有重要意义。

将科学精神与人文精神结合，培养高校学生的科学精神和人文精神，对高校学生的成长成才具有重要意义。从西方文明的脉络来看，科学精神的张扬，代表人类智慧的进步与胜利，反映了资产阶级追求民主自由、争取自身发展的强烈要求和热切愿望。工业进一步地激发了人的能动性，第一次大规模地、富于创造性地实现了人的作用与物的作用的结合。人文主义科学家和科学主义的人文学者，都在关注如何整合科学精神和人文精神。现代教育正承载着这一重任，为人性的解放、人的价值的尊重、人的权利和义务的统一，反对人为物役，防止人类生存方式的异化，走社会和环境协调统筹、可持续发展的道路，奠定深厚的思想基础。

3. 共性与个性统一原则

校园文化的共性要求亦即其普遍性要求，是指校园文化建设应站在整个人类文化发展的高度，使自己认识到不仅归属于某种文化，而且是人类社会的一分子，在与社会的互动关系中，某个阶段的校园文化总是要受社会发展阶段、政治经济发展水平、教育政策、社会思潮等种种因素的影响和制约，需要了解和遵循人类文化发展的普遍意义和规律。

校园文化的个性要求亦即其特殊性要求，是指某一所学校或某一类学校根据其自身特点所形成的独特要求，反映高校文化的个性特征。例如，从学校类型来看，有的学校是研究型高校，有的学校是教学型高校；从学科特点来看，有的学校以理工科见长，有的学校以人文社会科学见长，有的学校则有很强的综合性高校的特点；从校风来看，有的学校严谨，有的学校务实。由于每所高校在教育体系中的定位、价值取向、学科结构、历史和传统并不完全相同，所以，每所高校所体现出来的校园文化，具有鲜明的个性是非常正常的，而这种个性和特色也是一所学校的优势所在。

个性和特色的形成有着深厚的历史积淀，因此，校园文化建设要与时俱进，但绝不意味着抛弃个性和特色，都采用一种发展模式。没有了个性，也就不会形成良好的共性。每所高校都要认清自己的优势，找准自己的定位，保持自己的个性，不追风、不趋同，办出

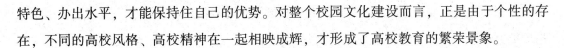

特色、办出水平，才能保持住自己的优势。对整个校园文化建设而言，正是由于个性的存在，不同的高校风格、高校精神在一起相映成辉，才形成了高校教育的繁荣景象。

4. 继承与创新统一原则

学校校园文化建设要始终坚持继承与创新相结合的原则。校园文化与社会其他文化一样，都是一定社会生活的反映。文化的发展创新是在继承民族优秀文化传统基础之上的创新。中国高校教育在长期发展过程中积累了很多校园文化建设的传统和经验，这些经验是宝贵的，是应该继承的。

（1）学校校园文化创新的要求

第一，着力推进观念创新。在推进校园文化建设的创新过程中，全面总结、继承学校的优良传统，正确分析、认识学校现状，借鉴、引入先进文化和理念，形成一种能为师生普遍认同和理解的价值观和组织信念，而不能单纯依靠行政命令、规章制度去约束学生，应把校园文化建设作为教育的一个重要内容来抓，把校园文化建设提高到培养合格的事业接班人的高度来认识，促进教书育人、管理育人、服务育人的真正落实。

第二，着力推进精神文化内容创新。学校必须创新校园精神文化内容，大力发展先进文化，支持健康有益文化，努力改造落后文化，坚决抵制腐朽文化，从而正确引导校园文化的走向，使学校成为先进文化的重要基地。

第三，着力推进制度文化创新。市场经济条件下学生的思想行为发生了深刻的变化，其价值观念、理想信仰等出现多元化、全方位化的趋势，要求我们必须以科学的态度、严格的制度去引导、调控和规范校园文化。学校的各项制度要为大多数学生接受并能长期坚持下去，反映学生的意志，尊重学生的意见；要保持相对稳定性，为管理的连续性提供重要保证，但制度并非一成不变，随着形势的发展，学生思想政治素质的提高，以及不断出现的新情况，可以有针对性地对管理制度加以改进，这不仅是民主管理、科学管理的重要体现，也是校园文化建设的内在要求。只有做到以合理的规章制度规范校园文化建设，才能保证校园文化积极、健康地发展，也才能真正起到文化育人的作用。

第四，着力推进文化活动形式创新。任何一种理念或思想，都必须通过一定的活动形式来表达。在网络进入校园，各种思潮纷繁复杂涌入学校的新形势下，如果仍然采用常规的手段和方法，容易引起学生的反感和抵触。可以在保留有效形式的基础之上，转换思路，从学生感兴趣的地方入手，以期取得意想不到的效果。

（2）学校校园文化建设要继承民族传统。中国是世界文明古国，有五千年的文明史。中华民族的传统文化博大精深，内容极其丰富，其中不乏精华，这些民族传统精华是包括校园文化建设在内的文化建设需要继承、传承的。中华人民共和国成立以来，我国高校教育有了长足的发展。快速发展的高校教育为校园文化建设提供了条件，积累了经验。不论是历史上的优秀文化传统，还是学校文化建设的经验，对今天的校园文化建设都是宝贵的。只有把创新和继承有机地结合起来，才能使创新有现实的基础，才能使学校校园文化建设扎根于民族文化的沃土之中，才能具有生生不息的活力。

文化继承既有纵向传承之内涵，也有横向借鉴之含义。国与国之间，校与校之间的成果借鉴、经验借鉴也是必要的、有益的。任何文化的优秀成果，都是人类文明的一部分，都是可以借鉴的。学校校园文化建设必须立足现实，面向未来，面向世界，学习相关名校的经验，把学得的经验和本校的实际结合起来，有选择地加以利用。

总而言之，校园文化建设的创新，必须处理好继承与发展的关系，发掘我国优秀文化传统的精髓，在继承中创新发展；必须处理好民族文化与外来文化的关系，坚持对外开放，开展对外文化交流，吸收世界文化中的优秀成果；必须处理好弘扬主旋律与提倡多样化的关系，在坚持优良传统的基础上，以观念的创新带动制度、内容、形式的创新，让校园文化活动的创新蔚然成风。

（三）校园文化建设的要求

1. 校风与学风建设的要求

校风是一所学校师生员工共同具有并表现出来的突出行为作风，是在目标一致的基础上，经过集体的努力，长期形成的一种风气，是校园文化建设的核心，是校园文化中表现最活跃、最有教育力量的因素，既是培养师生良好思想行为的土壤，又是校园文化赖以存在的支柱。校风是构成高校校园精神文化的独特因素，是高校精神的浓缩与精华，是其外在表现。在内容上校风主要包括教风和学风，在体现形式上校风主要表现为校训、校歌、校徽和校旗等。

校风的形成和建设是一个长期过程，但良好的校风一经形成，在校园内，它就是一种巨大的教育力量和价值导向，时刻给人以潜移默化的影响，使校园主体不断调整自己的世界观、人生观和价值观，自觉改变与校风不适的言行举止，由不自觉的顺从到自觉融入再到积极参与，成为校园主体重塑自我的能量。校风也是一种巨大的管理力量，它从价值准则上规范着人们的行为和习惯，具有强大的约束力和震撼力，这种无声的命令产生持久的凝聚作用，使校园主体为了共同的追求顾全大局。

良好的校风对学生成才具有广泛的影响，而且这种影响深刻、持久，有的甚至在人的一生中都将发生作用，主要表现在三方面：①有助于培养学生良好的精神文明素质。良好的校风一经形成，将给予学生的思想倾向、政治立场、道德品质以及生活方式以有力的影响，并且通过学生把这种影响扩散传播到社会。②有助于良好学风的形成。学风是校风的一个重要组成部分，校风的好坏直接关系到学风的好坏。目前，有些学生学习目的不明确，学习动力不足，学习积极性不高，得过且过，如果这只是个别现象，不足为怪。如果形成了一种普遍现象，可见这所学校没有形成良好的校风，这就必须引起学校领导和教师的重视。③影响学生的思维方式和成才方式。面对科学技术发展的新形势，现代教育要面向世界、面向未来、面向现代化，这一指导思想应成为校风建设的重要组成部分。现代教育是开放的、多维的，其思维方式和治学方式直接影响人才的成长方式。开放的、多维的治学风格应该成为新时代校风的主要特征，也是新时代良好学校环境的重要特征。

学风是学生学习目的、学习态度、学习纪律的综合反映。学风问题直接影响教育质量。就高校而言，学风问题影响其教育质量和人才培养水平，从学生角度来看，学风问题影响其学习绩效，乃至今后的成长和进步。一所学校真正形成了勤奋、严谨、求实、进取的优良学风，就会对生活在这个环境中的每位学生产生潜移默化的影响，使学生自觉不自觉地受到熏陶。这种熏陶和影响，对于提高教育质量、促进人才培养具有直接推动作用。而这种推动作用和积极影响不仅反映在学生学习阶段，还将对学生毕业后的发展和事业发挥重要作用。

（1）校风建设的要求。优良校风的培育，一般要经过认识的提高、情感的体验、意志的努力和行为的锻炼，才能逐步养成校园主体共同的习惯和风尚，形成学校统一的舆论和风气。所以，要根据校风养成的特点，从一点一滴的培育做起，反复强化，持之以恒，不断加以倡导和推进，把理想教育和常规管理结合起来，从严要求，抓深抓细；把合乎共同理想、目标的行为习惯和精神风尚转化为校园主体自觉的观念和追求，促进校风的建设。

优良校风的形成，还需要有科学规范的管理制度体系。制度体现校风，校风是无形的制度，制度一旦经校园主体认同并为内心接受，就会形成他们自觉遵从和维护的无须强制便能发生教育影响的精神要求。因此，要从本校的实际出发建立和完善各项管理制度，做到从教务、学生管理、科研、财务、设备、人力资源、后勤、行政等到师生员工的个人行为规范，各项管理制度具体健全，操作性强，衔接一致，并保持相对的稳定性。一个好的校风不仅需要一个好的体制，更需要一个好的领导和管理机构。制度制定以后，学校要组织校园主体认真学习各项制度，努力做到人人皆知，自觉地贯彻执行。

优良校风的形成，还有赖于师生共建和谐的校园人际关系，主要是要处理好领导与教师、教师与学生的关系。教师与校领导之间建立和谐的关系，有利于调动双方教育劳动的积极性，形成教育工作所必需的向心力和合力。教师与领导之间是否团结协作，和谐一致，关系到教育过程能否顺利开展，在很大程度上直接影响到学校教育的效果和校风的建设。因此，"尊重教师，服从领导"是正确处理教师与学校领导的关系必须遵守的重要规范。师生关系的融洽是完成教育任务的必备条件，也是校风的重要体现。从社会心理学的角度看，教师与学生是一种相互的社会关系，师生是平等的，平等的关系为相互沟通、相互理解、相互影响搭建了一个很好的平台。学生尊敬教师，促使教师更看重教师职业，更珍惜师生情谊；而教师尊重学生，也会促使学生更加努力，达到理想目标的要求。

（2）学风建设的要求。优良的学风重在建设，学风建设与校风建设一样，有其自身的规律，需要科学的方法。一般而言，学风建设应做到以下方面：

第一，切实加强领导作风建设。领导作风是学风建设的关键，要建设好的学风，首先要加强领导作风建设。领导作风建设要按照要求进行，做到实事求是、与时俱进，深入了解高校教育的特点，不断深化对高校教育实质的认识，准确把握高校育人标准的内涵和要求，用科学的发展观来确定学校发展的主次工作，不断提高管理能力和水平。将科学的领导理念贯穿完善、制定和实施科学规范的管理规章制度中，确保学风建设的顺利进行。

第二，端正教风是学风建设的突破口。优良学风是优良教风的必然要求与最终结果，教师要以德育人、爱岗敬业、为人师表、教书育人，以自己的道德追求、道德情感、道德形象去引导教育学生；强化教书育人责任意识，与学生建立相互尊重的现代师生关系，以崇高的人格魅力影响和带动学生，以优良的教风带动学风建设，以良好的学风促进教风发展，形成师生互动、教学相长的生动局面；大力提倡严谨治学、从严治教的作风，把教书和育人结合起来，培养能力和开发智力结合起来，言教和身教结合起来。

第三，注重思想教育，帮助学生树立正确的成才观。思想是行动的先导，没有稳定的专业思想和较强的专业意识，很难搞好学习，也难以形成良好学风。只有思想教育搞好了，学生树立了正确的学习目标，才有学习上的持久动力。因此，要大力加强高校学生思想教育，下决心"治本"，致力于解决学生的人生观、价值观等深层次问题，帮助学生树立正确的学习目标，端正学生的学习观念和学习态度，使广大高校学生真正从思想上认识努力学习科学文化知识，掌握过硬专业技能的重要意义，从而以实际行动积极参加学校的学风建设活动。

第四，加强制度建设，对学生进行严格科学管理。学校要依据教育方针和学校培养目标的要求，针对目前一些学生学习自觉性差、自制能力弱的情况，建立科学合理的规章制度，规范这些学生的行为。为使学生管理更加规范科学，促进良好学风形成，各级学生工作部门要认真研究学生工作的规律和特点，不断探索建设优良学风的新举措，在综合测评、素质达标、考勤考核、学籍管理等方面制定适合各专业特点的制度或办法，并且组织实施，把学生的注意力和兴趣吸引到学习上来，为学风建设提供强有力的保障。

第五，深化教学改革，调动学生积极性。教学改革和学风建设相辅相成，相互促进。教学改革不深化，优良学风难以形成；学风建设搞不好，教改难以持续发展，甚至半途而废。因此，要深入进行教学内容和课程体系、教学方法和教学手段改革，一手抓教学改革，一手抓学风建设。同时加强师德师风建设，从严执教，以良好的教风来推动学风建设。

第六，重视学生在学风建设中的主体作用。学风建设涉及的学校领导、教师和广大高校学生，应该都是学风建设的主体。但学风更主要反映学生的求学精神和治学态度，因为，学生既是学风的主要传承者和弘扬者，又是学风的建设者和得益者。学生内在的求学精神和动力是学生端正治学态度和成长成才的关键因素。重视学生在学风建设中的主体作用就是要加强对学生进行学风教育，重视高校学生自我教育和自我管理，使他们自觉提升自身素质，是学校学风建设的内部动因。要真正使高校学生形成正确的学习态度、学习动力、学习方法，产生科学的世界观、人生观、价值观，必须依靠他们自身的努力，因为他们才是促进自己进步和成长的内因。为此，在学校学风建设中，一定要抓好高校学生的自我教育、自我管理，创造条件让他们积极主动地进行身心的锻炼和修养，自觉地参与到学风建设的各项工作中来，在参与过程中认识自我、挖掘自我、完善自我。

第七，优化学习环境，创建高雅的校园文化。加强高校学生素质教育尤其是人文素质教育是目前我国高校教育改革的重要内容，也是创建优良学风的重要组成部分。学校应克服困难，加强人文素质教育，确立以课程教学为中心，以各种校园文化活动为基础的人文教育格局。学校要经常组织文化科技活动，通过举办专家学术报告会、优秀学生论文汇报会、教育实习报告会等多种形式，丰富学生的课余文化生活。鼓励学生走出校园，参与社会调查、科技扶贫、青年志愿者服务等社会实践活动，推动学生进行科学研究和科技创新，培养创新精神和实践能力，提高学生的综合素质，努力营造积极向上、健康有益的成才氛围，以促进优良学风的形成。

2. 师德与教风建设的要求

高等学校各门课程都有育人功能，所有教师都负有育人职责。广大教师要以高度负责的态度，率先垂范、言传身教，以良好的思想、道德、品质和人格给高校学生以潜移默化的影响，这既是教师师德修养的目标，又是教师教育活动中要遵循的行为准则，是学校师德建设的方向，也是在新世纪新阶段人民对高等学校的师德建设提出的新要求。

（1）师德建设的要求。师德体现了教师育人、教师群体利益的一致性，具有鲜明的时代特征和新的内涵。教师职业道德规范要求主要有以下方面：

第一，依法执教。加强教育法制建设，全面推进依法执教，是教育改革和发展的客观要求，也是现代化教育发展的必然产物。正是在这种背景下，近年来，国家教育法律法规的完善和实施，要求国家机关以及有关机构严格按照法律规定，在其职权范围内从事有关教育的治理活动，要求各级各类学校、其他教育机构、社会组织和公民严格依照法律规定，从事办学活动、教育教学活动及其他有关教育的活动。对教师而言，就是要依法执教。

遵纪守法是社会向人们提出的基本要求，也是每个人在社会生活中的行为准则。教师从事的是培养建设人才的光荣事业，不仅要像每一个普通人一样遵纪守法，为了做好教书育人的工作，更要从当好精神文明建设者和传播者的高度，带头做到遵纪守法。此外，教师应当十分注重培养自己良好的法纪风貌，做到遵纪守法，而且应当把这作为教育活动和日常生活中一项基本的行为规范，严格要求，贯彻始终。

第二，爱岗敬业。教师劳动的最终目的是为社会培养和造就合格人才，为社会、为人类造福。教师要热爱教育事业，努力完成自己的神圣职责。

任何一个人，只要选择了教师职业就要全身心地投入，就要有为教育事业奋斗终身的信念，这不仅是社会对教师职业道德要求的基本原则，是调整教师与教师职业关系的道德要求，是集体主义道德原则在教师道德要求中的体现，也是一名教师做好教育工作的前提和思想基础，它直接影响和制约着教育劳动中的其他关系，更影响着事关百年大计的教育教学质量。教师只有深刻地认识到、体验到自己所从事的工作是社会发展、人类进步不可缺少的一部分，才能树立坚定的事业心、荣誉感，才能发自内心地热爱教育事业，忠于教育事业，在工作岗位上尽心尽力，尽职尽责，并在这种默默而辛勤的劳动中升华自己的精神世界。

第三，热爱学生。教师的教育对象是学生，教师关心爱护学生，把爱奉献给每一个学生，有利于教育教学工作的顺利进行，也有利于激发学生的学习积极性，增强学生的信心，使其健康成长。教师对学生的爱，与一般人与人之间的爱有所不同，它不是来源于血缘关系，也不是来源于教师的某种单纯的个人需求，而是来源于教师对教育事业的深刻理解和高度责任感，来源于教师对教育对象的正确认识、满腔热情和无限希望。

热爱学生是由教师教书育人的职业特点决定的。教师对学生的爱具有职业性、无私性、原则性和全面性的特点。从职业性看，教师对学生的爱是由从事的教育职业中产生的，是一种崇高的爱；从无私性看，教师通过辛勤劳动，把自己的知识、能力贡献给学生，为社会培养德智体美全面发展的人才；从原则性看，教师热爱学生不是溺爱，也不是迁就学生的错误，而是爱中有严，严中有爱，严慈相济；从全面性看，教师不仅要对每个学生在生活上关心，还要关心其全面成长，做到不偏爱，一视同仁。

第四，严谨治学。严谨治学是教书育人的需要。它要求教师以高度负责的态度对待教学工作，认真完成教学任务，同时，教师严谨治学本身就是对学生的无声教育，严谨治学的教师定能带出大批勤奋好学的学生，所以教师在治学态度上特别要强调严密谨慎，一丝不苟。

第五，团结协作。现代教育是一种群体协调性很强的职业劳动，人才的培养需要教师与教师、教师与学校领导、教师与学生家长之间的真诚合作。团结协作是教育发展规律的要求。在我国古代，由于生产力和科学都不发达，教师的劳动多以个体的形式出现。在现代社会，人才培养是综合工程，是多方面、多人合作的结果。一个学生从启蒙到成才，需要多个学科的教师，各学习阶段的学校，学校中的各个部门的衔接，需要学生家长的密切配合形成教育的整体力量，这样才能把一无所知、一无所能的童稚培养成有用之才。现代教育特别需要教师具有群体意识，发扬协作精神。团结协作也是教师自我完善，提高综合素质的良好途径。

第六，为人师表。教师之所以要为人师表，是由教师职业的特殊性和教师劳动特点决定的。教育是以人格塑造人格的事业，教师的任务在于育人，不仅用自己的学识教人，而且重要的是用自己的品格教人。不仅通过语言去传授知识，而且用自己的人格感化教育学生。为此，教师无论何时何地都必须在思想品德、学识才能、言语习惯、生活方式和举止风度等方面"以身立教"，成为学生的表率。

（2）教风建设的要求

第一，教师职业道德建设是个系统的社会工程。实施师德建设工程必须注重加强教师自身的学习与修养。随着科学知识更新的速度越来越快，人的主体地位和作用将日益增大，社会活动将以人格的独立为前提，以创新精神为动力，以知识的丰富为基石。师德作为教师的行为规范，主要通过教师内心的信念起作用，主要依靠教师在师德修养过程中的自我意识和自我觉悟，一个师德高尚的教师必定是一个自觉进行师德修养的人。师德建设要求教师在实践中，注重自我学习、自我修炼、自我约束、自我调控。教师要自觉地学习政治理论，坚定理想信念，强化献身精神；学习教育理论，更新教育观念，遵循教育规律；学习专业知识，优化教学过程，提高教学效率；学习教育法规，增强法律意识，施行依法执教。只有教师的业务素质、业务能力提高，学术视野开阔，学术创新能力增强，学术境界提高，才能形成良好的师德、教风，才能达到师德建设的最终目的。

第二，实施师德建设工程要注重为教师学习和工作创造良好的环境。所谓教师职业道德环境是指影响教师职业道德意识、情感形成和发展，对教师职业行为的道德意义发生作用的一切外部因素的总和。学校的环境状况，对教师的价值取向、行为规范和道德风貌有直接影响。良好的制度环境和人文环境对教师而言，是一种潜移默化的教育，环境教育比思想道德理论灌输更具有感染力和渗透性，这种环境必须以稳定、开放、求实、发展为特征，必须具有一种勤奋、求实、敬业、创新的校风和蓬勃向上的进取精神，以及民主、平等、和谐、宽松、温馨的心理气氛。师德建设一定要从教师的工作和生活实际做起，时刻把教师的需要和冷暖放在心中。社会和学校要关心、理解、体贴教师，要把解决教师思想问题同解决实际问题结合起来，将思想道德建设寓于多做实事、好事的实际工作中，在全心全意为人民服务的工作中增强师德建设的感召力和影响力。

第三，实施师德建设工程必须注重制度建设。要进一步完善管理制度，建立科学有效、可操作的约束机制，以明确的政策导向，引导广大教师既重业务，又重品德修养，向良性的方向发展。目前政策导向的重点是要通过深化教学管理改革、科研管理改革、人事分配制度改革等，形成有利于教书育人、端正学术风气、规范学术行为的制度环境和良好氛围。要把师德建设工作列入学校工作的重要日程，有计划、有措施、有督促、有检查，不断深入推进。要建立和完善师德考评制度，奖优罚劣，把自律和他律结合起来，把激励和约束结合起来，促进广大教师对师德规范的积极认同和自觉遵守，使追求高尚师德蔚然成风。机制、制度、法制是对人进行制度塑造的三种主要形式，构成了一个系统，其中育人和用人是系统内两个有机联系的阶段。育人为了用人，用人必须育人。在维护教师合法权益的基础上，要科学制定用人制度，确保人力资源得到最大化的开发和利用，用"无情"的制度实施"有情"的教育，从而使人们的"素质"不断趋于优良化。机制既要有激励性又要有约束性，逐步实行双向选择，即学校按建设和发展需要招聘教师，教师按能力和意愿竞争上岗，从而使教师队伍充满生机和活力，使教师具备责任感和创造性，真正形成"岗位能上能下、待遇能高能低、人员能进能出"的动态管理机制。

教师师德水平的高低直接影响院校职业功能的实现程度，为此，高校要充分认识自身在"科教兴国""人才强国"战略中的历史使命，积极推进教风建设，加强校园精神文明建设，不断提高整体师德水平，提高教师的业务能力，努力营造尊重知识、尊重人才、尊重科学、尊重创造，诚实劳动、勇于创新、团结协作的良好校风、学风，努力推进社会、学校、教师三个层次的持续健康发展，为教育事业的振兴和建设做出应有的贡献。

（四）校园文化建设的对策

加强校园文化建设，是实现我国高校可持续发展的必然选择。我国高校校园文化建设必须在坚持以人为本原则的基础上，采取以下有效措施：

第一，注重校园文化建设的整体性。校园文化建设实践的整体性，可以从三方面加以分析：①校园文化建设在范围上应当涉及和渗透到所有领域。就某种意义而言，学校的教学和科研实际上就是一种文化活动。校园文化建设在这方面的任务是运用文化的力量推动教学科研向更高质量、更高水平和更高层次发展。②校园文化建设在内容上要为人才成长提供全方位服务。学校要培养全面发展的人才，就必须使培养对象在知识和理性、情感和意志、兴趣和特长、品质和体魄等各方面都得到全面发展。这就要求校园文化建设在为人才全面服务的大目标下，实现内容的丰富多样和满足大学生多方面的需要。③构成校园整体的所有成员，都应是校园文化的主体。教育水平的提高，需要教育者自身从文化中汲取营养，不断提高自己。基于上述整体性的要求，在校园文化建设实践中，必须克服那种把校园文化只当作填充业余时间的消遣娱乐活动，或当作学生活动的认识和做法，把校园文化进一步引入教学科研和服务等活动中去，把师生员工更多地吸引到校园文化阵地上来。

第二，不断强化校园文化的理性选择。选择性是指这种精神饮食活动既要选择精美的食粮，合理地搭配文化营养，饮食过程也要科学合理。首先，校园文化要注重质的选择，坚持高校的办学方向，必然要求我们旗帜鲜明地把握文化的属性，坚决抵制消极腐朽的文化垃圾，这并不排斥对传统文化的继承和对外来文化的吸收；其次，校园文化建设还要注重结构的优化选择。作为一种群体文化，从整体上看，校园文化只有形成相互有机联系的主导文化突出的科学结构，才能充分发挥育人功能。所有的文化活动都与提高大学生整体文化素质相互联系，促进专业成才的文化内容在整个文化活动中占主导地位，这是结构优化的两点基本要求。结构优化选择具有层次性，学校科系等不同层次上的文化活动都要结合专业特点，建立优化的模式，为优化本校或本专业学生的知识结构服务。

二、高校校园文化建设的有效方法

"校园是传播知识和培养人才的地方，在校园内传播廉政文化知识有利于为学生树立榜样，培养他们廉洁自律的好品质，更有利于国家的富强，社会的稳定。"[①] 既要坚持和发扬好传统的教育方式，巩固教育阵地；又要与时俱进，不断创造新的形式，寻求新的载体；既要全面持久，又要区别对待。同时，必须建立"大宣教"格局，整合各方面的资源，形成廉政文化建设的合力。

（一）利用教育载体

高校具有浓厚的文化氛围，拥有较为完善的文化传播渠道和系统的文化建设载体，有着传统的校园文化和校园精神。作为高校校园文化的重要组成部分，廉政文化与校园文化是相互影响、相互渗透、相互促进的。高校必须充分利用和依靠自己的文化优势，将廉政文化植根于广大师生心中，进而长期影响师生的价值观和行为取向。要注意吸收优秀思想为廉政文化建设提供思想指导。吸收我国传统廉政文化中的廉洁、民主思想等元素，吸收西方廉政文化中科学、先进的理念，结合政治文明和精神文明的要求，以核心价值体系为指导，构建和谐校园和廉洁校园。

要把廉政文化建设充分融入丰富的学校校园文化活动中。要充分利用好传统的媒体形

---

①史曼 . 建设校园廉政文化的途径、方法和意义［J］. 现代经济信息，2017（4）：392.

式，即宣传栏、校报、校刊、校电视台、广播台等，大张旗鼓地宣传廉政的意义和先进人物的模范事迹。宣传栏主要用来张贴廉政教育图片和有关工作人员的廉政规定，公布案件查处情况；校报、校刊侧重于就一些廉政理论问题进行探讨，并就实践中出现的问题进行制度和思想层面的剖析；校电视台、广播台要及时报道学校召开廉政会议、组织廉政宣传活动和廉政制度建设情况。

（二）利用科技媒介

学校要遵循学校教育教学规律和青年学生成长成才规律，将教育的知识性、政治性、思想性寓于生动性和趣味性之中，增强教育的针对性、实效性，增加其吸引力和感染力，积极推进廉政文化建设。

第一，发挥思想政治理论课的主渠道、主阵地作用。可以将廉政课纳入思想政治课体系，对学生进行廉政教育；同时，对教职工、领导干部、入党积极分子进行廉政教育。此外，还要不断加强思想政治理论课的教学内容和教学方法的改革，要编写以诚信为人、遵纪守法、廉洁奉公为内容的廉政文化教程。在传授理论知识的同时组织切实可行的社会实践活动，通过参观考察、社会调查、公益活动等形式，使高校学生在实践中受到廉洁教育，打好廉洁基础。

第二，发挥智力资源优势，组织专家学者和实践部门的同志定期举办廉政研讨会、座谈会等，积极吸收他们理论研究的最新成果，深刻总结腐败行为发生、发展的规律，及时发现实践当中出现的新问题，认真探究解决现实问题的途径。学校要建立廉政文化课题研究制度，鼓励教师、行政人员和学生对校园内外腐败行为的成因、社会基础以及教育对策进行专题调查研究，对优秀作品进行汇编奖励。

第三，重视加强校园网络建设。网络是新兴的媒体形式，由于它信息量大、普及率高、影响面广，所以备受社会关注，也深受学生青睐。我们必须清醒地认识到，网络具有虚拟性和广泛复制、传播性的特点，网络宣传有其弱点和弊端，一旦出现失误，影响巨大。因此，必须始终坚定不移地加强对网络舆论导向的正确指引，防止对青年学生思想造成误导。

网络作为一种新兴传媒工具，是现代文化传播的重要载体，是学校师生获取信息、丰富知识、学习交流的重要渠道。学校可利用自己的网络优势，办好融思想性、知识性、趣味性、服务性于一体的校园廉政教育网站，通过开设符合师生员工兴趣爱好的专栏、专题、网页、廉政论坛等手段，广泛宣传廉政文化、传播廉政知识、弘扬廉政精神，使网络成为廉政教育的重要文化阵地、思想阵地，构建校园廉政文化的网络平台。

第三节　新媒体给校园文化建设带来的机遇

一、新媒体给校园文化建设带来新挑战

第一，拓宽了高校校园文化建设的空间。高校传统的校园文化活动都是通过校报、校园广播电视、黑板报、墙报、校园画廊、各类文体比赛和演讲活动来开展和完成，受到时间和空间的诸多限制；而在新媒体时代，高校校园文化活动，可以充分发挥新媒体技术资源丰富、传输便捷、不受时间和空间限制的优势，随时随地开展高校校园文化活动。此外，还能够加强与学生的思想沟通与交流，及时了解高校学生的思想动态，把握学生思想教育的主动权。

第二，丰富了高校校园文化方式。对学生的思想道德教育和理想信念、价值观的教育，过去高校都是通过思想政治课堂来完成，相对比较简单枯燥。随着新媒体的到来，微信、微博等新媒体已经融入高校学生的学习生活中，学生基本上都会随时翻看手机获取信息。在传统线下校园文化建设中，高校可以利用新媒体在线上开设思想道德微课堂、文化大讲坛、高校学生网上艺术节等活动，丰富高校校园文化活动方式和内容。

第三，增强了高校校园文化活动的实效性。在高校校园文化建设中，应该合理地应用新媒体技术，进而能够拓展教学资源，丰富高校学生文化生活，满足高校学生精神需求。改变过去传统的校园文化活动模式，变单纯的教师和学生之间主体关系为相对平等的互动关系，变单向的灌输教育为师生之间的心与心的沟通，淡化师生之间的距离感，让高校学生在寓教于乐、寓教于趣中提升学养品位。同时，高校学生更愿意在网络平台上表达自己内心的真实想法，教师获取的信息也更为便捷和真实有效，拉近师生之间的距离，为教师及时了解高校学生的思想动态提供有效途径，有利于提高思想教育和文化活动的实效性。

二、新媒体给校园文化建设带来新特点

高校校园文化是高校师生在长期的教育管理和教学实践过程中创造和形成的，是师生共同的价值观念、行为准则、道德规范、生活方式的总和，同时也是高校办学理念、办学风格以及人文精神的综合体现，其中包括物质文化、制度文化和精神文化。精神文化是校园文化建设的核心与灵魂，主要包括学校的历史传统、文化积淀、学校教风、学风以及人际关系、精神面貌、治学方向、价值取向，还有民主作风及校园师生群体的世界观、人生观、价值观和师生的伦理道德，这一切都集中反映了一所高校的特有本质。可见，高校校

园文化建设主要体现在师生整体人文精神面貌上，具体表现在对高校学生的思想道德、理想信念和社会主义核心价值观的培养。新媒体带来与原来完全不同的信息环境。新媒体实现了对信息的快速传播和信息多元化发展。在过去传统媒体中，受众只能被动地接受信息，没办法及时有效地对信息进行反馈。新媒体的出现改变了这种单向信息的传递方式，实现了信息的双向传播，使得信息的传播更加自由化和多元化。

新媒体实现了信息传播的实时性和资源共享性。新媒体在传播效率方面有明显的优势，它以信息技术为载体，所以，在信息的传播效率上较高，既能实现事件的及时输送，也能在短时间内获取较大的社会效应。同时，新媒体的信息呈现出明显的"碎片化"特征，因为大多数新媒体用户并不是专业的新闻从业人员，这就导致了传输信息的碎片化。要在校园文化建设中防止通过新媒体的使用对学生造成不良影响，高校就应该加强对学生进行相关媒体使用的正确引导。

三、新媒体给校园文化建设带来新作用

校园文化建设应普及运用现代技术手段，充分发挥自身资源优势，采取传统媒体与新媒体相互融合互补的方式，发挥媒体融合的综合效应，拓展校园文化的覆盖面。做好新媒体与传统媒体的相互融合。将新媒体植入传统媒体宣传方式中，把握新媒体特点，开展线上线下活动，让学生积极投入校园文化活动来，运用手机网络平台、网上服务平台等，组织开展线上活动，有意识培养学生的责任感和创新精神，组织各种高雅的网上文化艺术节，展播传统文化、诗歌、音乐、书画、摄影、戏剧等高雅艺术，陶冶学生情操，开阔学生视野，提升学生文化艺术修养。通过线上线下的互动，有效增强校园文化的实效性和影响力。

运用新媒体将校园主流文化纳入教学科研工作中。根据学生心理特点和个性差异，在网络平台上开设灵活多样的教学科研活动，提高教学科研工作的互动性，提高教学水平，提升科研能力和质量；并把教学科研成果通过新媒体运用到校园文化活动，提升校园文化活动的科技含量和品位。强化提高学生的新媒体素养。新媒体素养包括网络信息分析能力、辨别能力以及能够熟练进行新媒体技能操作，牢固树立网络道德法律意识等，努力实现新媒体素养与高校校园文化建设、精神文明建设、物质文明建设等有机融合。高校通过新媒体设定主题活动、专题活动、讲座等，让学生深入了解新媒体素养对高校学生综合能力培养的重要性，强化高校学生网络道德意识和素质，营造良好新媒体素养氛围。

第二章
新媒体时代高校校园精神文化建设

第一节　高校精神及其培育方法的选择

一、高校精神的认知

　　高校精神是高校师生全部精神追求的集中体现，是促进和推动高校师生开拓进取的动力源泉，是规范和调整高校师生价值追求和行为取向的精神力量。高校精神主要体现了两方面的要求：①高校发展规律的要求；②高校服务使命的要求。如果这两方面的要求都在高校精神中得到体现，而且能够很好地结合起来，那么这样的高校精神就是符合办学实际的、为师生员工广泛认同和接受的高校精神。

　　从高校发展的规律出发，对高校精神有三个层面的理解：①集中体现一所高校的价值观念、发展理念和道德信念等，在高校文化基础上产生出来的高层次的精神结晶，作为整个高校文化形态的精神凝聚，对高校文化的各个层次起着统领和引导作用，是整个高校文化的核心和灵魂；②集中反映现代高校所代表的那个时代的精神，是高校自身发展的内在需要与实现高等教育目标的上层使命共同作用形成的群体意识；③集中体现作为担负社会教育责任和科学研究责任的高校师生共同的精神支柱，只有高校精神才能将师生真正凝聚在一起，是一所高校不断开拓、创新，不断发展、进步的动力源泉。

　　从高校服务的使命出发，对高校精神有两个层面的理解：①集中体现服务国家与社会的使命感和责任感，是在自身发展过程中形成的一种长期矢志不渝为国家和社会做贡献的情感结晶，对办学实践具有一种无声、无形却又十分深刻的引领作用；②集中反映全体师生服务国家和社会的人生理想和价值追求，是全体师生在长期的学习、工作和生活中形成的一种自愿服务于国家和社会的情感结晶，对全体师生的思想和行动具有潜移默化的重要影响。

　　可见，高校精神是高校在长期发展过程中，形成的具有自身高校特色的稳定的为全体师生广泛认同，并在办学实践中得到体现的坚定信念，是高校及全体师生对自身办学境界的崇高追求，是高校及全体师生对自身办学使命的高度概括，是高校及其全体师生共同的行动指南。高校精神一般通过高校的精神口号、办学思想与办学理念、高校使命与办学特色、目标定位与文化传统以及高校的校训、校歌等体现出来。

（一）高校精神的具体特征

1. 时代性特征

高校精神是我们所处这个时代的精神、价值观与社会风气在高校这一微观领域的具体折射，不会超越于这个时代、这个社会，始终这个时代与社会紧紧联系在一起。任何一所高校的发展都离不开这个时代，都必须与这个时代同呼吸、共命运，我们所处的这个时代也要求高校必须承担起社会赋予的责任，既包括教育的责任、学术的责任，也包括为社会服务的责任、引导社会前进的责任，高校精神必须体现这种责任，与时代同步。

2. 传承性特征

高校精神是在继承和发展人类优秀文化遗存和世界先进文明成果基础上所展现出来的一种人文精神，是在继承和发展自身高校历史沿革、文化传统、学术思想基础上所体现出来的一种人文情怀，是一所高校精、气、神的真实写照，具有明显的传承性特征。每一所高校都会通过自身独特的教育教学活动、科学研究活动和管理服务活动，以人才培养、科学研究、社会服务、国际交流等作为基本载体，经过研究、融合、吸收、消化和选择，不断积淀人类优秀文化和世界先进文明成果，将本民族的优秀文化与社会的先进文化一代一代传承下去，将科学的知识和进步的思想在一代一代学子中进行传播，既把健康、科学、高尚的文化信息传播给所在高校的全体师生，也向社会、向广大人民群众进行传播；既把本民族的优秀文化向世界传播，也将世界上一切优秀的文明成果吸收进来并向本民族传播，这正是高校精神所具有的传承性特征的重要体现。换言之，高校精神的传承性，不仅表现为一所高校对本民族优秀文化的传承，对自身高校发展过程中所形成的独有价值观念的传承；同时，还表现为对其他高校优秀文化的学习，对世界一切文明成果的借鉴。

3. 个性化特征

每一所高校都有其独特的文化，都有其与众不同的文化特色，都有其不同的校风、学风。这些不仅是一所高校独特个性的集中反映，也是其高校精神个性化特征的反映。例如，北京大学"爱国、进步、民主、科学"的高校精神，是一百多年来中国高校精神的代表，有着优良的学术传统，始终与时代发展和历史前进的步伐交相辉映。"北大精神"既是一种崇尚并执着于开放宽容、学术自由、独立思想和创造的"校格"，也是一种追求真理、追求民主和科学的现代精神；既是一种致力于民族强盛、国家富强、人民幸福的爱国主义精神，也是一种始终洋溢着学术、文化和思想之青春活力的理想主义精神，体现着"北大精神"的独特个性。

4. 潜隐性特征

高校精神始终承载着高校自身发展的历史和国家发展的历史，始终承载着一所高校的光荣传统和文化底蕴。高校精神深深地潜藏在其悠久的发展历史之中，潜藏在其日复一日、年复一年的人才培养、科学研究与社会服务之中，潜藏在高校师生的学习、工作和生活之中，潜藏在一代又一代高校校友的行为实践之中。

（二）高校精神的主要功能

1. 高校精神的引领功能

高校精神不仅引领高校的发展方向，同时，也对社会发展产生引领作用。现代高校的人才培养、科学研究、社会服务、文化传承与国际交流合作，受到高校精神的影响，不仅影响高校的发展目标以及实现目标，还会深刻地影响高校师生的思想和行为。不同的高校因为高校精神不同，对于人才培养、科学研究、社会服务、文化传承与国际交流合作，会有不同的目标追求和实现方式。同时，高校精神不仅在高校内部发挥作用，对高校发展及其师生产生影响，也会对高校所在社区、所在城市产生影响，以至于对社会发展变革、对政治经济发展产生影响，引领社会发展。高校精神的引领功能主要是通过高校的对外形象与高校师生的对外交往发挥作用，通过高校产生的科学研究成果与高校的历史传统、精神气质、道德风气等直接作用于社会。当一所高校具有良好的对外形象并能够获得社会认同，高校精神就能够对高校所在社区、所在城市、其他高校乃至社会文化变革和政治经济发展产生引领作用，就会带动和影响所在社区、所在城市乃至整个社会的文化变革、经济发展和社会进步。社会越发展、越前进，对高校的要求就会越高、越迫切，高校精神的引领功能就会越突出、越重要。

2. 高校精神的约束功能

高校精神具有约束功能，对高校的发展和高校师生的思想、行为具有约束和规范作用，是高校师生思想、行为的自动矫正器，是高校发展的自动调节器，是高校师生自觉的精神追求。高校精神对高校师生思想、行为的约束和规范，是高校的历史传统、精神价值观以及由此形成的校园风气、文化环境等软性力量对高校师生的约束和规范，不同于管理规章制度等硬性力量对高校师生的约束与规范，是对高校发展与高校师生思想、行为的一种无形的软约束，为正常的教育教学、科学研究、产业发展、管理服务。任何一所高校都会制定一系列的管理制度，这些制度构成了一所高校最基本的行为规范，成为反映高校制度文化的主体内容。但是，制度具有滞后性，高校发展与高校师生的思想、行为不可能都由制度来制约；同时，制度体系无论怎样完善，所涉及的范围和事项总有限，不可能对高校发展与高校师生的所有思想、行为都做出规定，随着形势与环境的变化，制度也很难顾及各种复杂情况和实际需要。

在高校制度体系所构成的基本行为规范之外，在制度对高校发展与高校师生的思想、行为进行规范和约束的最低要求之上，只有充分发挥高校精神的约束功能，才能更好地规范和约束高校发展与高校师生的思想、行为，调动起全体高校师生的积极性与主动性。高校精神的约束功能，通过高校的历史传统、精神价值观等软性力量的作用，形成一种群体意识、大众舆论和集体行为习惯，进一步形成一种强大的使个体行为从众化的群体心理压力和动力，使高校师生产生一种心理共鸣和心理约束，进而对自己的思想、行为进行自我约束和控制，对高校发展有着很强的规范作用。高校精神所具有的约束和规范作用，对于协调高校与社会的关系，促使高校担负起应尽的社会义务，承担起高校应负的社会责任等都具有强大的约束作用，成为高校的一种"文化自觉"，这种无形的"软约束"机制对高校发展与高校师生思想、行为的约束和规范十分有效，比有形的"硬约束"具有更强大、更持久、更深刻的影响。

3. 高校精神的凝聚功能

高校精神具有凝聚功能，能够鼓舞高校师生的士气、焕发高校师生的斗志，是高校师生的心理黏合剂，是推动高校发展进步的心理聚合物，是高校师生共有的精神家园。高校精神一旦被认同和接受成为高校师生的精神支柱，就会在高校发展进程中，遇到挫折或重大紧要关头时产生一种强大的向心力和凝聚力，把高校师生团结起来，使高校渡过难关，实现更大的发展。高校精神始终关联着高校及其师生的前途和命运、关联着高校师生的一言一行，对高校及其全体师生形成一种强大的吸引力和号召力，使全体师生产生一种很强的心理认同和文化认同，愿意为高校的发展发挥自己的聪明才智，在心理和行为上主动为高校的理想和发展贡献自己的力量，自觉维护高校的利益和声誉，使高校的优秀历史文化传统和良好校风学风得以传承和弘扬。

只有当师生个体的精神追求与高校精神融为一体时，才会对高校精神产生"认同感"，才会对高校的发展产生"使命感"，才会对自己的学习、工作、教学、研究以及身为高校的一员感到骄傲而产生"自豪感"，才会主动学习、工作，把高校当成自己的家而产生"归属感"。这种"认同感""使命感""自豪感""归属感"，使高校师生能够主动把自己的思想、感情、行为与所在高校联系起来，始终与高校在各方面保持和谐一致，在潜意识里对高校有一种向心力，进而高校精神也就自然而然地对高校师生有一种强大的凝聚力。

高校精神的凝聚功能还具有排他性，使得高校师生对外部环境产生排斥和保持压力，对外部环境具有很强的敏感性和竞争性，进而对所在高校产生一种依赖，促使高校师生凝聚于所在高校，形成一个互相依存的"命运共同体"，增强高校内部群体的团结和统一，进而在发展中形成一股强大的力量。

4. 高校精神的主导功能

高校精神主导着高校的人才培养、科学研究和社会服务。高校的根本任务是培养人，但是，高校培养怎样的人，是培养创新型人才还是培养实用型人才，是培养国际化人才还是培养本土化人才，是培养通才还是培养专才；高校怎样培养人，能否按照习近平总书记在同北京大学师生座谈会上讲话提出的"勤学、修德、明辨、笃实"要求去培养人才，这些都取决于高校精神主导功能的发挥。高校不仅要为社会发展服务，还要引导社会的发展和进步，但是，怎样服务于社会，怎样引导社会的发展和进步，是注重社会效益的服务还是注重经济回报的服务，是引导社会走向文明还是走向蛮荒，是引导社会健康发展还是无序繁衍，等等，同样取决于高校精神主导功能的发挥。因此，高校精神不仅承载着现代高校与国家发展的历史，更主导着现代高校与国家发展的未来，高校精神是推动高校发展和社会进步的精神力量。

（三）高校精神的形成机理

高校精神是一所高校及其全体师生在长期的教学、科研、管理和服务等办学实践活动中形成的理想信念和价值追求，那么高校精神的形成就一定是基于每一所高校自身的基础条件、历史传统、发展目标、时代要求等，为促使高校的发展更好地满足国家和社会需要，经过高校自身与全体师生的共同努力，在长期的教学、科研、管理和服务等办学实践活动过程中，精心培育而逐步形成的。可见，高校精神的形成主要受到以下方面条件的影响：

1. 受高校发展影响

每一所高校都有不同的发展历史，有的高校办学历史较长，有的高校办学历史较短，在不同高校的历史发展进程中，其人才培养、科学研究、社会服务等都会有明显的不一样，有的在其办学历史进程中培养了一大批有重要影响的科学家，形成一批具有明显优势的学科，为国家和社会做出重大贡献；有的在其办学历史进程中主要倾向于基础科学的人才培养，有的主要倾向于工程科学的人才培养，有的主要倾向于人文社会科学人才的培养，有的倾向于应用型人才的培养；有的在其办学历史进程中为国家的国防事业做出了重要贡献，有的为国家的教育事业做出了重要贡献，有的为国家的农业发展做出了重要贡献，有的为国家的海洋事业做出了重要贡献，等等。这些不同往往蕴含在高校的历史建筑、历史人物、历史事件、历史故事等办学历史之中，高校精神也同样蕴含其中。由于不同高校的办学历史不同，培养的人才不同，研究的领域不同，做出的贡献不同，不仅其高校精神的内涵不同，其高校精神形成的过程也会有异。

2. 受办学传统影响

办学传统是一所高校在办学实践中所形成的办学经验、办学理念、办学风格和办学模式等要素的综合，既可以表现为某种理念模式，也可以表现为某种行为模式。办学传统是一种内在的东西，隐含在高校发展的历史之中，是在办学思想、办学理念指导下所产生的办学行为上的一种稳定的特性。无论办学传统的表现形式是哪些，都会体现出一所高校在教育教学、人才培养、队伍建设、科学研究等方面的办学规律，体现出一所高校的办学特色与服务使命。可见，每一所高校都有自己不同的办学传统，有的高校可能在人才培养上形成了某种办学理念被传承下来，有的高校可能在办学风格上形成了某种独特的校风或学风被传承下来，有的高校可能在科学研究上形成了某个具有独特优势的方向或领域被传承下来，有的高校可能在学科建设上形成了某些奠定自身地位和影响的特色优势学科被延续下来等。不同的高校在办学理念、办学风气、研究领域或学科特色等方面是不同的，无论是其不同的办学理念模式或行为模式，都有不同的形成过程或形成方式，由此可见，不同高校的办学传统就会不同，那么其高校精神的内涵和形成过程也就不一样。

3. 受地域文化影响

不同的高校所在的地理位置不同、地域特点各异，地域文化成为影响高校精神形成的重要因素。世界上不同的国家、同一国家的不同地区，有着较大的文化差异，每个地区有着其独特的地域文化特征，会对包括高校精神在内的高校文化产生重要影响。一方面，高校精神的外显元素中普遍含有一所高校所在地域的文化因子，在高校所在地区的历史、人文、气候、环境等影响下，会呈现出明显的地域文化色彩，如高校的校歌歌词、路名、人文景观等，一般都会有高校所在地域文化的特点；另一方面，高校精神的内在气质中普遍会体现出一所高校所在地域的文化精髓、文化气势和文化气场，所在地域人们的语言、风俗、行为、习惯等，自然而然会对高校师生的思想观念、行为模式、价值追求等产生重要影响，使高校精神呈现出一所高校所在地域文化的特点。

在高校发展历史、办学传统与地域文化的综合影响下，那些特色学科、优势领域与高端人才等的发展与成长的历史，那些好的经验和好的作风等优良办学传统，那些人文、风俗等地域文化思想，所形成的文化场将共同作用于高校师生，并在高校全体师生长期共同孕育的基础上，经过不断总结、凝练、提升进而形成高校精神。高校精神的形成过程，也是高校的历史发展过程，在这一过程中，每一所高校都会涌现出若干知名学人。在这些知名学人的身上，会体现出一所高校的学术理想、价值追求、人文气韵、办学风格、学科特色和服务领域等。这些知名学人就是高校精神的典型代表，他们身上所展示出来的品格、气质与治学精神，是高校精神的集中反映。

（四）高校精神的作用机理

高校精神集中体现高校及其全体师生追求的一种办学境界，具有独特的、鲜明的个性特征，是高校及其全体师生共同的理想信念和价值追求，对高校师生及其校友具有很强的感召力、凝聚力和向心力，能够不断增强高校及其师生的使命感和责任感。高校精神的作用过程，其实质是高校师生内心的一个选择过程和行动过程。在高校精神的作用下，高校师生的选择与行动，主要有以下两方面：

1. 高校师生的自然选择过程

无论是高校的人才培养、科学研究还是社会服务、文化传承，从整体来看，既是国家的需要，也是社会的需求，当高校和高校师生面对国际需要和社会需求时，都必须做出选择并采取进一步的行动。在选择和行动面前，高校及其高校师生所做的选择和采取的行动，可能满足国家和社会对高校及其师生的要求，也可能不满足国家和社会对高校及其师生的要求。在高校精神的作用下，如果这种精神是高校及其高校师生在长期办学实践中形成并积累下来的，并且是在办学实践中得到历代师生广泛认同、推动高校发展取得重大办学成就、产生良好办学声誉、做出特殊办学贡献，那么这种精神就会对高校及其师生形成强大的激励作用，进而产生一种内在冲动，不断激发高校及其师生的使命意识和责任意识，促使高校及其师生自然而然地放弃个体利益，对国家需要和社会需求做出自然选择，把国家需要、社会需求同个体的事业理想、价值追求结合起来去行动。这就是在高校精神作用下，高校及其师生的自然选择过程。这样的选择和行动具有较重的感性化色彩。

2. 高校师生的理性判断过程

高校精神还可能成为一种思想、理念深入高校师生的骨髓，成为高校师生主动遵循的价值准则。在面对国家需要和社会需求必须做出选择和行动时，高校及其师生所做出的选择和行动始终存在两面性，既可能满足国家和社会的要求，也可能不满足国家和社会的要求。当高校精神作为一种思想、理念作用于高校及其师生时，如果这种精神被高校及其师生广泛认同、接受并成为高校及其师生共同遵循的价值准则，成为高校及其师生个体价值观的一部分时，那么这种精神就会形成强大的理性力量，进而促使高校及其师生做出理性判断，主动把国家需要和社会需求作为自己事业发展的正确选择，把已经激发起来的使命意识和责任意识变成一种自觉行动。这就是在高校精神作用下，高校及其师生的理性判断过程，这样的选择和行动是高校及其师生由内向外、经过深入思考后的价值选择和理性行为。

二、高校精神培育的方法

（一）高校精神培育的归因

第一，大学评价导致大学精神日渐式微。大学评价是导致当前大学精神式微的重要原因。目前世界范围内都对大学评价充满热情，国外的大学评价主要有 USNEWS 世界大学排名、泰晤士高等教育世界大学排名、世界大学学术排名等，国内的大学评价有教育部大学学科排名、上海交通大学学术排名、中国校友会大学排名、武汉大学大学排名、软科大学排名、武书连中国大学排名等。大学评价固然在一定程度上有助于社会更好地了解一所学校，但是大学评价指挥棒下的"数字竞争"给大学精神带来了很大的负面影响。

第二，大学的本质呼唤大学精神的回归。大学在本质上是一种功能独特的文化机构，教育功能是大学的根本属性，培养人才是大学的第一目标，大学的政治功能、经济功能、社会功能、意识形态功能等其他功能都是教育功能的衍生物，从属于教育功能。大学是公开追求真理的场所，所有的研究机构都要为真理服务，在大学里追求真理是人们精神的基本要求。在现今大学本质被忽视的境遇下，需要热切呼唤大学精神的回归。

第三，"双一流"建设需要重塑大学精神。"双一流"建设是从国家和民族长远发展的战略高度，对高等教育事业做出的重大部署。"双一流"建设要求大学不仅要成为支撑改革发展的"人才库"、推动科技创新的"进步源"和产生思想理论的"策源地"，还要求大学必须具有崇高的使命感和责任感，具有敢为人先的学术创新精神，要求大学师生必须具有独立人格和独立思想，培养出社会责任感强、创新创造能力强、社会实践能力强、具有担当精神的一流人才。如何推进"双一流"建设的要求落地，真正建设一批世界一流大学、一流学科，使中国大学在世界大学的舞台上占有更高地位，同我国经济社会发展相适应，为实现中华民族伟大复兴奠定高等教育基础，迫切需要重塑大学精神。只有在大学精神的引领下，才能推动我国高等教育取得更大发展，推动"双一流"建设真正取得成效，建成一批世界一流大学和一流学科，才能切实坚守现代大学本质，培养出有理想、有道德、有文化、有纪律的"四有人才"，促使大学生努力做到"勤学、修德、明辨、笃实"，努力成长为德才兼备、全面发展的合格建设者和可靠接班人。

（二）高校精神培育的要求

大学精神培育，是高校思想政治工作的重要任务，也是新形势下加强和改进高校思想政

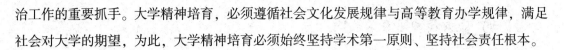

治工作的重要抓手。大学精神培育，必须遵循社会文化发展规律与高等教育办学规律，满足社会对大学的期望，为此，大学精神培育必须始终坚持学术第一原则、坚持社会责任根本。

1. 坚持学术第一原则

（1）大学精神培育必须始终坚持学术第一原则是由大学的使命决定的。学术研究是大学的重要使命，大学是研究学问、追求真理的地方，学术研究是大学区别于其他教育、培训等机构的重要标志。追求真理、探索未知，是对大学的根本要求，也是大学进行学术探究的必然过程，大学精神培育必须将学术研究作为第一准则，并摆在大学发展的核心位置优先考虑。

（2）大学精神培育必须始终坚持学术第一原则是由大学教师的使命决定的。大学教师不同于其他教师，开展学术研究是大学教师的职责所在。大学教师既要教书育人，担负起为国家培养人才的重要任务，也要潜心研究，担负起为人类社会发展创造新知识的重要使命。

（3）大学精神培育必须始终坚持学术第一原则是由大学生的使命决定的。人才培养是大学的首要职能，大学精神决定着一所大学培养什么样的人、怎样培养人，大学生不仅要有开展学术研究的能力，还要有进行学术研究的热情，更要有从事学术研究的品性，崇尚学术、追求学术，以学术为自身成长成才的使命。

2. 坚持社会责任根本

（1）大学精神培育必须始终坚持以社会责任为根本是由大学的社会性质决定的。任何一所大学都是社会的细胞，是社会的一分子，是社会的重要组成部分，任何大学都不可能关起门来办大学，任何大学的发展都离不开社会的支持和帮助。为此，大学有责任、有义务回馈社会，把推动社会的发展进步作为大学精神的灵魂所指，把服务社会作为考量大学成长与发展的基本前提。

（2）大学精神培育必须始终坚持以社会责任为根本是由大学的社会地位决定的。现代大学已经不是纯粹的象牙塔，大学的社会地位越来越高，社会对大学的期望也越来越高，这都要求大学必须承担起更多的社会责任。

（3）大学精神培育必须始终坚持以社会责任为根本是由大学的社会贡献决定的。大学对社会的贡献，既包括为国家和社会输出大量的有用人才，也包括产出了大量的研究成果，推动了社会的发展和进步。一所大学对社会的贡献度与社会对大学的认可度是成正比的，任何大学只有对社会做出贡献，才能赢得社会的尊重和认可，才能更好地发挥大学对社会的影响力和辐射力。为此，大学必须把为社会做贡献作为大学精神的基本要求，以贡献社会作为大学精神的客观追求。

（三）高校精神培育的指向

大学精神培育最根本的目的是要让大学成为真正的大学，而不是研究机构，不是培训机构，更不是企业、商业。为此，大学精神培育，必须着力回归大学本质，着力坚守学术本位，着力"双一流"建设。

1. 回归大学本质

大学精神培育要着力回归大学本质，要求大学的发展必须把人才培养作为第一要务，坚持立德树人这一根本，回答好"培养什么样的人""怎样培养人"和"为谁培养人"的问题。

（1）要解决好"培养什么样的人"的问题，并以此作为大学精神培育的前提，在立德树人上下功夫，坚持个人品德与社会公德、职业道德相结合，与学术道德、师德师风相结合，与校风、教风、学风建设相结合，更好地发挥大学精神在人才培养中的潜移默化作用。

（2）要解决好"怎样培养人"的问题，以此作为大学精神培育的重点，在教师队伍建设和课程建设上下功夫，创新人才培养理念，不断优化课程体系，改革教育教学方法，扎实开展实践育人，更好地发挥大学精神在人才培养中的指导和引领作用。

（3）要解决好"为谁培养人"的问题，并以此作为大学精神培育的根本，在理想信念上下功夫，坚守人才培养的方向，坚定为人民服务、为巩固和发展中国特色制度服务、为改革开放和现代化建设服务，更好地发挥大学精神在人才培养中的导向作用。

2. 坚守学术本位

大学精神培育要着力坚守学术本位，要求大学的发展必须把学术研究作为重点任务，坚守学术为本的原则，回答好"做什么样的学术研究""怎样做学术研究"和"为谁做学术研究"的问题。

（1）要解决好"做什么样的学术研究"的问题，并以此引导大学精神培育。大学要加强学术研究导向，要做真学术不做假学术，既要鼓励教师从事前沿基础性研究，又要支持教师开展技术应用研究，既要重视自然科学的发展进步，也要重视人文社会科学的繁荣发展，让每一位教师都能够按照自己的兴趣和专业优势自由地开展科学研究而不受其他干扰。

（2）要解决好"怎样做学术研究"的问题，并以此推进大学精神培育。大学要营造学术创新氛围，要真创新创真新，不要假创新创假新，坚持以创新为原则的学术研究，为学术研究提供良好的软硬环境，努力形成大学自身独特的学术研究范式和特色学术文化。

（3）要解决好"为谁做学术研究"的问题，并以此加强大学精神培育。大学要重视学术成果应用，要鼓励和支持教师出成果，出原创性学术成果，为国家发展和社会进步服务。"科学无国界，但科学家是有国界的"，要鼓励教师紧紧围绕国家经济社会发展的重大前沿问题、重大理论问题和重大现实问题开展研究，为实现中华民族伟大复兴的中国梦做出自己的学术贡献。

3."双一流"建设

（1）要建设的一流大学和一流学科，既是站在世界一流大学和一流学科的高度提出的，但更是扎根中国大地的一流大学和一流学科，既要参照国际标准，更要有中国特色，是中国特色的一流大学和一流学科，这对于大学精神培育具有重要意义。

（2）要积极对接国家战略、主动满足国家需求、自觉服务国家发展，担负起在中华民族伟大复兴进程中的大学责任；又要结合大学自身实际，抓住"双一流"建设机遇，更好更快地推进"双一流"建设取得成效，为国家发展和社会进步做出大学应有的贡献。

（3）要准确把握大学自身的办学定位，科学看待大学自身的发展潜力，对能否成为一流大学和在哪个范畴内成为一流大学进行认真审视，对哪些学科能够成为一流学科和在哪个层次上成为一流学科进行客观分析，科学制定"双一流"建设目标和发展规划，使大学既不好高骛远又有战略眼光，既不是不思进取又能够脚踏实地，在"双一流"建设中实现大学精神的培育。

（四）高校精神培育的全员参与

高校精神培育是一项任重道远的战略工程，需要高校全体师生的共同努力，需要汇聚高校师生的集体智慧和力量。高校精神培育，离不开高校管理者的顶层设计和科学谋划，离不开高校教师的积极参与和身体力行，离不开高校学生的主动学习和自觉实践。

1.高校管理者的培育

高校管理者是高校有效运行的重要人员保障，是高校发展不可缺少的重要支撑，高校精神培育离不开高校管理者的顶层设计和科学谋划。高校精神的形成并非一个完全自发的过程，需要高校管理者的正确引导，高校党委书记、校长以及其他高校管理者在高校精神的形成和发展过程中具有重要影响。

（1）高校管理者要深入研究高校历史与高校文化，厘清在高校发展的历史进程中，哪些因素发挥重要作用、对高校产生重要影响，需要高校师生进一步传承和弘扬，尤其是要准确把握其中的精神、思想、理念等要素。

（2）高校管理者要结合高校发展的实际，准确把握高校自身特质，结合高校优良历史传统和国家、社会发展需要，在对高校历史文化深入研究的基础上凝练出高校精神，并对其做出符合时代发展和需要的阐释。

（3）高校管理者要做好高校精神传播和落地的顶层设计和科学谋划，帮助全体师生更好地理解高校精神、接受高校精神、认同高校精神，让高校精神培育成为全校师生的共同责任，并将高校现存的良好精神风貌融入高校精神培育之中。

2. 高校教师的参与

教师队伍是高校人才培养、科学研究、社会服务、国际交流与合作的主要群体，是高校发展的核心力量，高校精神培育离不开全体教师的积极参与和身体力行。高校精神的形成和作用的发挥，需要高校教师的全心投入，无论是高校里的老教师还是青年教师，都对高校精神的培育具有重要作用。

（1）高校教师要将高校精神自觉贯穿自己的教育教学工作中，积极参与高校历史文化的挖掘与高校精神的凝练，深刻理解高校精神的内涵，既要在自己的教育教学工作中积极向学生宣传高校精神，又要结合自己的切身体会主动向学生讲解高校精神，更要在自己的教育教学实践中体现高校精神，增强学生对高校精神的理解和认同。

（2）高校教师要将高校精神自觉贯穿自己的学术科研工作中，既要在深入研究的基础上发文解读高校精神，又要在学术交流活动中传播高校精神，更要在科学研究实践中践行高校精神，增强高校精神的感染力。

（3）高校教师要将高校精神自觉贯穿日常生活与社会服务中，既要在人与人的日常交往中传播高校精神，又要在为社会服务的具体实践中展现高校精神，增强高校精神的影响力，促进高校精神更远距离、更广范围的传播。

3. 高校学生的融入与实践

高校学生是高校的主体，也是思维最活跃、可塑性最强、对高校情感最深的群体，是高校发展的未来和希望，高校精神的培育离不开高校学生的主动融入和自觉实践。高校精神的传播，需要全体高校学生的自觉学习、思考和实践，高校学生对高校精神培育的效果起着决定性作用。

（1）高校学生要在学习过程中深刻理解高校精神的内涵和实质，主动了解高校精神形成的历史过程，用心感悟高校精神的崇高和理想，进而在学习实践中自觉践行高校精神，充分彰显高校精神的育人价值。

（2）高校学生要在校园生活中按照高校精神的要求，展现出高校学生的精神风范，无论是与人交往还是参加活动，要时时以高校精神提醒自己，处处以高校精神要求自己，自觉成为高校精神的代表者、宣传者、实践者。

（3）高校学生要在毕业后的工作中主动传播和弘扬高校精神，不仅要让高校精神的种子在社会上播撒，让更多的人知道、理解和认同高校精神，还要用自己的实际行动去践行高校精神，潜移默化地影响自己周围的人，自觉成为高校精神的传播者、传承者、实践者。

（五）高校精神培育的全程参与

1. 在人才培养中培育

人才培养是高校的根本任务，也是高校的第一功能。在人才培养中培育高校精神，是高校精神培育要着力回归高校本质这一逻辑指向的根本要求。

（1）部分高校致力于培养"领导者"，有的高校致力于培养"工程师"，部分高校致力于培养"学术大师"，部分高校致力于培养"职业技师"等，都是人才培养目标定位中对高校精神的彰显。

（2）不同的高校有不同的教育教学理念，有不一样的课堂教育教学、社会实践活动和校园文化活动等，这些不同的人才培养过程，都是培育高校精神、彰显高校精神的过程。

（3）培养的是专才还是通才，是进行精英教育还是大众教育，决定着高校精神培育的思路、进程和走向。

2. 在科学研究中培育

科学研究是高校的重要职能，也是高校的重要功能。

（1）要将高校精神培育融入科学研究理念之中。不同的高校有不同的科学研究理念，有的强调原创性成果，更加注重科研创新；有的强调论文著作，更加注重科研产出；有的强调成果应用，更加注重科研服务。不同的科学研究理念，将会培育出不同的高校精神。

（2）要将高校精神培育融入科学研究实践之中。不同的高校科学研究实践的过程不同，不同的学科科学研究实践也会不同，有的在科研实践中一丝不苟，对研究数据不容丝毫马虎；有的在科研实践中躬身田野，对调查访谈极其严格认真；有的在科研实践中扎根文献，对史实资料不许一点儿错漏。不同的科学研究实践，将会培育出不同的高校精神。

（3）要将高校精神培育融入科研队伍的培养之中。不同的高校对待科研队伍培养的目标不同、态度各异。不同的科研队伍培养模式，会产生不同的科研队伍培养效果，也就会培育出不同的高校精神。

第二节　高校校园精神文化内涵与特征

高校校园精神文化是一所高校本质、个性、精神面貌的集中反映，是校园文化的最高层次。通过各种载体和多种形式所倡导的价值观念、道德规范和行为准则，以启迪、熏陶、感化和塑造等方式潜移默化地引导和规范学生的思想行为，帮助他们树立坚定的共产主义理想和信念，树立科学的世界观和正确的人生观、价值观，养成良好的道德品质和文明行为，在学生中形成爱国、爱校、知荣明耻的良好而和谐的校园精神文化氛围。

一、高校校园精神文化的主要内涵

"精神文化建设是校园文化建设的重要组成部分，对其建设发挥着重要影响。"① 校园精神文化是在特定历史条件下，在长期的教学、工作和生活等多方面的实践中逐步形成和发展起来的，为学校人所认同的一种群体意识。包括学校的办学思想、发展目标、价值观念、道德规范、学术风气、治学风格及传统作风等。积极进取、健康向上的校园精神文化，是规范和指导教师及学生思想行为的无形力量，同时，又对提高全体成员的道德素质、陶冶情操，激励师生员工肩负起热爱学校、建设学校的责任感以及调动全体师生勤奋学习、努力工作的积极性、创造性，有着不可替代的重要作用。

因此，在校园文化建设中，应以校园精神文化的塑造为重点，着力建设具有鲜明时代特征和学校特色的校园精神文化，使其成为激励师生员工奋发进取的群体意识。所以，高校校园精神文化主要指高校的历史和传统精神，校园精神文化是高校的内隐文化，是在长期的校园物质文化、制度文化创造过程中积淀、整合和提炼出来的。它包括学校所有成员的群体意识、精神风貌、舆论氛围、心理素质、人生态度、人际关系、价值取向、思维方式和教风学风等，是由高校的地域、民族、职业、历史文化的影响和知名学人（包括教师、学生、校友）的品格、气质、生命力和创造力共同孕育的。高校校园精神文化的内涵应包括以下方面：

第一，高校校园精神文化是一种历史和传统文化。无论建校时间长短，每一所学校都有自己的发展历史，都会有自己的特点。所谓的校园精神文化建设，就是创建有自身特色的学校，紧跟先进文化发展的潮流，着眼于社会需求，发挥学校的传统与优势，发掘本校的潜力，发挥本校的特长，把学校办得与众不同。

第二，高校校园精神文化是一种民族文化。作为一种行为模式（包括制度、规范、认知模式、情感模式、心理模式、审美模式等）的民族文化，调节着民族群体与生存环境、民族社会群体内部、民族个体与社会等多重的关系，并塑造着民族社会的理想人格，为个体提供归属感、幸福感和心理上的依托。

第三，高校校园精神文化是一种地域文化。一方水土孕育一方文化，一方文化影响、

---

① 史琪．高校校园精神文化的内涵、现状和措施［J］．劳动保障世界，2016（36）：72.

造就一方社会。不同社会结构和发展水平的地域自然环境、民俗风情习惯、政治经济情况孕育了不同特质、各具特色的地域文化。例如，齐鲁文化、秦文化、蜀文化、巴文化、徽文化等不同个性特质、各具鲜明特色的地域文化，代表了不同地区的优秀文化传承。

第四，高校校园精神文化是一种职业文化。高校教育在一定意义上是一种职业教育。校园精神文化建设要以实现培养目标为目的，以培养学生职业能力与职业素质为主。加强学生的职业素质养成教育，要不断提高学生的职业能力和职业素质，培养学生的创新意识，要注意吸收职业文化与职业精神。校园内的各种基础设施、校园环境、校内外实习实训基地建设都应渗透职业文化与职业精神，使之有利于学生走上社会后能较快地适应实际工作岗位。

二、高校校园精神文化的主要特征

高校校园精神文化集中体现高校独特、鲜明的个性和办学理念，反映着高校的追求和信念。所以，高校校园精神文化具有以下特征：

（一）时代性特征

作为文化中心的高校所构建的校园精神文化，要与我国在目前提出建设民族的、大众的文化基本纲领协调一致，要为实现这一奋斗目标提供精神动力、智力支持和良好的人文生态环境。因此，当代中国高校的校园精神文化既不单纯是传统社会的人文精神，也不单纯是工业社会的人本精神。它应当既充分吸收东西方文化精神的精华，又具有中国特色；既有助于推动精神文明建设，又充分体现人类终极关怀的价值目标。

（二）实践性特征

校园精神文化存在主客体关系，主体是教师、学生，客体是校园文化形态，而实践是主客体的中介和统一，校园文化在实践中形成和发展，在实践中创造了主体。高校是培养高级人才的摇篮，求真、求善、求美是一名高校学生必备的品质，因此，校园文化必然显现出实践性的特点。发展校园文化的过程，实际上就是学生自我表现、自我教育、自我管理、自我提高、不断实践的过程。对高校而言，校园精神文化最现实的生命力昭示和最生动的价值性体现就在于高校学生创设的校园精神文化实践的舞台，如学生社团、艺术节、运动会等。

（三）创新性特征

高校校园文化是以促进人的文明化、现代化的教育为理念，以促进人的创造个性和个性发展为根本目的的。所以，培养、发展创新精神是校园精神文化理应追求的教育目的和人文理念。校园精神文化要保持自身的一种特殊文明形态和文化群落的人文本性，必须承担起以创新精神为关注对象的人文使命，对高校学生主体创新精神的召唤，实际上就是对校园文化人文使命精神的弘扬。所以，创新是校园精神文化建设的精髓。

（四）继承性特征

校园精神文化必然带有学校在几十年甚至上百年发展过程中的历史积淀而表现出来的自身特点。如清华大学"自强不息，厚德载物"和哈尔滨师范大学"敦品励学，弘毅致远"的校训，鲜明地体现出这两所高校不同的办学风格。

第三节　高校校园精神文化建设的探究

一、高校校园精神文化建设的原则

第一，科学教育原则。科学精神不仅是精神文化建设的重要内容，也是高校教学的重要目的。这就要求教师在教学过程中要具有科学的理念，运用科学的方法，强化自身的科学精神和态度，率先垂范，为学生树立榜样。同时在教学过程中要培养自身实事求是的科学态度，把解放思想和实事求是结合起来。此外，在日常生活中要坚持真理，反对谬误，提升自身的鉴别能力，在纷繁复杂的社会环境中，努力尊重客观事实和规律，从实际出发，按客观规律办事，使科学精神在现实生活中得到体现。校园精神文化建设是学校整体工程的内容之一，涉及面广，需要调动各方面的力量，学校应精心统筹，科学规划，合理安排，避免出现各行其是、相互掣肘的局面。

第二，正确建构高校学生德育观、注重人文精神的原则。学校是教育人、培养人的场所，校园文化作为学校教育的一部分，必须突出教育性特点，时时处处把握教育性原则，这样才能充分发挥校园文化潜在的导向功能。通过各种有效形式对学生进行爱国主义、集体主义和中华民族精神教育，探求激发学生学习成才的规律，使学生的综合素质不断提高，在形成正确的爱国成才观的基础上提高学习成绩。

精神是人把握世界的价值取向，人文精神则是人把握人与社会和人与人关系的价值取向。把人文精神融入高校人才培养的全过程，落实到教育教学的各个环节，这是高校校园精神文化建设的客观要求和必然趋势。要引导学生根植于中华民族优秀的传统文化，客观地学习民族历史，全方位地了解中国国情，进而增强民族的自尊心和自豪感；同时，培养学生做人的责任感，提高他们的思想认识，完善他们的道德境界。在人文精神培养中，让人的本性、人的尊严、人的潜质得到最大的实现和发展。

注意人文精神，高校还应同时开展理想信念教育，提升高校学生精神追求。理想与现实之间的互动，是一个社会稳步向前迈进的永恒因子。因此，必须始终对人们进行理想教育，使人们对现实保持适度的超越。尤其是在市场经济改革的历史进程中，高校学生的理想信念教育更是不容忽视。进行理想信念教育，就是要把理想信念教育与引导高校学生理性地追求合理的个人利益结合起来，帮助高校学生正确地处理各种利益关系。针对不同学生的思想实际，确定不同的教育起点，从而使理想信念教育深入人心，最终达到提升高校学生精神层面的需求的目标。

第三，统筹协调、不断创新的原则。高校文化建设是一项复杂的系统工程，要做到整体规划与分步实施相衔接，共性文化与个性文化相协调，既注重顶层设计，也要做好任务分解和责任落实；既彰显学校文化的共同特征，也鼓励基层单位结合自身特点开展个性文化建设。同时，还要面向学校发展战略目标和国家建设需要，不断赋予学校精神文化以时代精神，既要发掘传承学校的历史与文化，又要解放思想勇于创新。在秉持科技特色的同时，发展人文精神；在弘扬中华民族优良传统的同时，加强国际交流与借鉴，在实践中不断提升高校校园精神文化建设的效果。

二、高校校园精神文化建设的核心

"培养高度的文化自觉和自信，离不开高校这个文化前沿阵地，高校要承担这个历史重任，必须加强校园文化建设，而校园文化建设，需要用大学精神来支撑。"[①] 高校精神是高校自身存在和发展中形成的具有独特气质的精神形式的文明成果，它是科学精神的时代标志和具体凝聚，是整个人类社会文明的高级形式。面临知识经济的机遇和挑战，建设高校精神不仅是高等教育自身发展的需要，同时，也是社会进步的需要。高校精神的本质特征概括为创造精神、批判精神和社会关怀精神。

高校精神是高校的安身立命之本，是推动高校健康发展的内在精神力量。高校精神是指高校在长期的发展过程中，经过历史的沉淀、选择、凝聚所形成的能够体现高校独特的办学理念、个性气质、精神风貌、道德水准和文化品位，并为学校师生员工所认同的一种理想信念、价值取向、行为准则和群体意识，是高校生存与发展的精神根基。高校精神的内涵极为丰富，是高校内在共性和独特个性的集合体。其内在共性体现在，高校作为探求学术和真理的神圣殿堂、文化创新和知识传承的基地、培养高层次人才的摇篮，在其历史

---

①包志国，黄文曦. 高校校园文化建设的核心在于重塑大学精神 [J]. 黑河学刊，2013（7）: 153.

发展的长河中，逐渐形成的高校人所共有的一些思想品质和价值理念。诸如高校精神所蕴含的民主精神、科学精神、批判与包容精神以及传承与创新精神等。这些精神相互关联，相互促进，表现着高校精神的一般特质，共同构成高校精神文化的精髓。其独特个性体现在，每一所高校都有其独特的文化品质和精神气质，展现了与其他学校不同的精神风貌和个性特点。

（一）高校的创造精神

创造精神是高校精神存在的价值所在，是高校在社会有机体中保证自身地位的根本生命力。文化的继承不能依赖遗传，只能通过传递方式继承并发展下去。教育从一开始就成为传递和保留人类文化的重要手段。由于经济现代化的作用，作为传统的教育的传递者——家庭的地位已经削弱。因此，比起以前，人类社会的延续和健康，要在更高程度上依靠学校，高校教育通过确立教育内容，对人类文化进行选择和整理。通过更新教育观念，更新人们的价值观念和价值取向，改变思维方式，实现文化的再生。

高校是以人才培养为己任的，而创造性恰恰是人才的核心特质。高校校园文化最有价值的成果是使学生具有开放的头脑，经过训练而具有谨慎的思考态度，谦恭的行为，掌握哲学研究方法，全面了解前人积累的思想。学校的目标是培养有独立行动和独立思考能力的个人，不过他们要把服务社会看作自己人生的最高目标。一个由没有个人独创性和个人志愿的规格统一的个人所组成的社会，是一个没有发展可能的不幸的社会。

高校也创造社会理想，并把这些理想传递给社会成员，通过人们的实践，使理想变成现实的文化实体。社会理想是社会需要的具体反映，这种需要是反映社会发展规律并以社会发展规律为基础的。由于在文化积累方面的特殊优势，知识分子特别是集中在高校校园里的知识分子比其他社会成员更能认识社会发展规律。有了对社会规律的认识，就能够提出符合社会发展规律的社会理想。

（二）高校的批判精神

高校里的批判精神与社会其他结构相比具有自身的优势，具体表现在：①知识聚集的场所。高校是继承传统科技文化遗产，不断创造新科技文化的场所，聚集了古今中外各种知识，具有很强的知识容量。②思想观念和学术思潮的交汇处。高校产生新思想，包容新观念，在这里不同的学术观念可以并存，不同的思想可以通过学术交流相互影响，具有良好的争鸣传统，追求理想的永恒特性。

从欧洲中世纪早期的高校开始，就有了自治的传统，并以传播知识和研究学问为最高理想，相对超越于社会现实。高校的批判精神首先表现为高校教师在教学和科研过程中能够以科学的态度对待传统与现实，否定非科学的内容，破除保守主义，建立科学的知识体系。高校的教学与科研发展史就是科学发展过程的展开史，是一个肯定与否定相结合的扬弃过程。高校批判精神的另一方面是对社会现实的理性反思和价值构建。批判精神的最后一个方面是高校知识群体对政府决策的参谋和建议。科学决策是政府决策的关键，但是由于决策者自身素质的限制，做到科学决策并不容易，所以要倾听专家意见，请专家参与决策成为决策机制中的一环，专家之所以成为专家，就是因为他们职业所特有的对问题的科学态度和客观的批判精神。

（三）高校的社会关怀精神

高等教育是社会发展的必然产物，社会需要是第一推动力。在工业化、信息化的社会里，高校已经被越来越深入地卷进社会机器的运转之中。关注现实、服务社会成为高校的第三职能，高等教育通过科学研究直接转化为社会第一生产力——科学技术；通过人才培养，为社会提供生产力中最活跃的因素——高质量的人力资源。社会关怀精神还表现在高校对社会精神文明的参与和建设。除在生产力方面对社会的贡献外，高校通过直接的人文社会科学的研究和宣传为社会提供精神产品，包括哲学研究、文学创作与批判、思想道德建设等。知识分子在提炼和批判社会生活的同时，又把各种精神产品投入到社会，为祖国建设提供直接的内容。

高校精神的核心是以育人为第一要旨，以全面人才教育为高校使命。育人的重点有以下方面：①培养学生对国家、民族的责任感。培养有抱负、有政治远见、有广博知识、有责任心的人。要教育学生以天下为己任，继承前人"国家兴亡，匹夫有责"的报国之情，学习前人"先天下之忧而忧，后天下之乐而乐"鞠躬为民的品德。关心天下大事，使自己服从于社会，服从于国家，服务于人民。②理想、信念教育。理想和信念是精神世界深层次问题，它取决于世界观、人生观和价值观。要引导学生树立正确的人生目的、人生理想、人生追求和科学的自然观、历史观、社会观和辩证唯物主义认识论。③培养爱心。要教育学生爱父母、爱生活、爱事业、爱祖国。④培养高尚的人格。坚持真理，胸怀坦荡，高风亮节，严于律己，宽以待人，淡泊名利，无私奉献。⑤培养自强不息、厚德载物的精神。不但教育学生如何认知，如何做事，更重要的是如何做人。引导学生敢于奋斗，善于成才。

总而言之，育人的目的就是实现学习科学文化与加强思想修养的统一；学习书本知识与投身社会实践的统一；实现自我价值与服务祖国人民的统一；树立远大理想与艰苦奋斗的统一。使我们的高校生成为理想远大、热爱祖国的人，成为追求真理、勇于创新的人，成为德才兼备、全面发展的人，成为视野开阔、胸怀宽广的人，成为知行统一、脚踏实地的人。

科技改变了人的观念，改变了人的生活方式，改变了经济发展模式，改变了社会发展进程。高校的主要任务是传播科学精神、培养科学素养。科学精神是尊重规律、实事求是、勇于探索、敢于创新、坚持真理、修正错误、实证实干和独立精神。科学素养是指参加国家文化事务、经济生产和个人决策所必须具备的科学概念和科学过程的知识水平和理解程度。具体地说，能认识世界的多样性和统一性；掌握科学的基本概念和原理；了解科学、数学和技术的作用和局限性；具有用科学方法思维的能力；能够用科学知识和科学思维方法处理和解决社会及个人问题。要对学生进行科学研究的锻炼，鼓励冒尖，允许失败。通过科学研究的实践，逐步培养学生的科学观念、科学精神、科学方法和科研能力。

善于创新是高校精神的灵魂。要想在教育理念、办学思想、培养模式、教学管理等方面塑造自我、具有个性，没有创新是不行的。例如，哈佛大学以师资雄厚、将近40名教授获诺贝尔奖而著称，学生以学术卓越、全面发展、自信能干而闻名。耶鲁则以教授治校、思想开放、人文一流、盛产总统而骄傲。而普林斯顿大学以重质量、重研究、重理论，并培养出38位诺贝尔奖获得者而享誉世界。哥伦比亚大学既是一所高校，也是一所大企业，也培养出34位诺贝尔奖获得者。年轻的斯坦福大学以强烈的进取精神，提出不承袭任何传统，沿着自己的路标向前，以"学术顶尖"的构想建设大学，成为"硅谷"的强大后盾。总而言之，凡是有特色的大学，都因善于创新，坚持走自己的路而成名。

大学之道，在于育人；育人之道，在于大师。师强则学子成才，师惰则误人子弟。办好大学的奥秘在于名师如林、唯才是用、兼容并包、宽容尊重。学术上需要有兼容并包的精神，要鼓励学术自由、民主竞争、思想碰撞、中外交流，使大学成为科学与艺术的实验室，成为青年学子崇拜的殿堂，成为博大精深的思想库，成为精英人才的聚集地。大学的民主精神主要体现在民主管理和民主施教上。实施民主管理必须更新教育观念，改革教育体制，鼓励多样化，建立公平竞争的环境与机制，建立规范化、法治化管理模式。要求大学管理者的作风与品质，不是自信专横，而是从善如流；不是故步自封，而是善于进取；不是因循守旧，而是富于想象；不是高高在上，而是深入群众；不是妄自尊大，而是对自己能力的局限性有自知之明。

大学作为一个存在的实体，活生生地展现在人们的眼前，而寄存于这一实体中的精神不是仅靠视觉就能观察到，必须深入其中才可体会。"精神"一词抽象却富有魅力，大学的魅力正在于她的精神。大学精神的内核既是潜心向学的纯粹的学术精神，又是引领社会，敢于不随波逐流的正确的批判精神。

大学精神有着丰富的内涵，对大学的生存与发展起着至关重要的作用。世界上任何一所知名大学都有自己独特的大学精神，大学精神不仅是一笔宝贵的财富，也是大学魅力之所在，更是大学持续发展的动力。在我国建设世界一流大学的道路上，在大学之间竞争愈

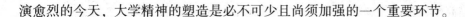

演愈烈的今天，大学精神的塑造是必不可少且尚须加强的一个重要环节。

三、高校校园精神文化建设的意义

高校精神在高校校园文化建设中具有十分重要的地位和作用。校园文化是一个学校风格和精神的集中体现，承载着课堂教学无法替代的价值功能。高校校园文化可分为校园物质文化、精神文化、制度文化、行为文化、社团文化、媒体文化等方面。其中，校园精神文化是校园文化的精神内核，在学校的发展中起着引导作用。高校精神作为校园精神文化中的主体精神，是高校校园文化的灵魂和核心。高校精神一旦形成，就会通过各种文化形式和活动载体，内化为师生一种坚强的内在精神力量，并以其特有的导向、凝聚、激励、塑造等功能，在高校生价值观的培育和形成方面发挥重要作用。同时，校园文化也是高校精神的具体化和表现形式。高校校园文化建设对高校精神的养成有着重要的意义，把握校园文化的特点，加强校园文化建设内容的针对性和时效性，对于提升高校精神有着深远的意义。

（一）高校精神推动校园文化建设

校园文化是高校精神的载体，高校精神的塑造和发扬应与高校校园文化的建设同步进行。值得注意的是，校园文化不仅包括物质文化，还包括制度文化和观念文化，而且制度文化和观念文化在某种程度上比物质文化（校园环境建设）更为重要。很多高校只重视校园环境——硬件方面的建设，而相对忽视校园制度文化和观念文化——软件方面的建设。因为校园环境的改善是看得见的，而制度和观念文化的建设不能很快收到成效。这种短视行为，使高校校园文化中制度文化和观念文化成为"软肋"，带来了不少显而易见的不良现象。因此，校园文化要通过对高校生德、智、体诸方面的全面培养，形成其健全的人格素质，把体现高校精神的科学态度、文明风范、价值观念等带到社会，影响和感染其他人。

第一，弘扬优良传统，实现文化引领，在高校精神的传承与创新中推进高校校园文化建设。高校精神既是高校历史文化的积淀，又是时代精神的升华。作为中华民族传统历史文化的一种传承和发展，我国许多高校的高校精神均融合了中华民族优秀文化传统精神的元素，成为这些高校生生不息、永葆活力的宝贵精神财富。同时，高校精神也与高校自身发展的历史传统息息相关。高校精神既要植根于历史传统，也要立足于当代，与以改革创新为核心的时代精神相契合。总而言之，高校精神的传承精神和创新精神为高校实现文化引领，推进校园文化建设奠定了深厚的文化根基，提供了源源不竭的精神动力。

第二，凸显人文关怀，在人文精神与科学精神的交融中推进高校校园文化建设。在高校，高校生既是高校精神的创新和培育主体，也是校园文化的建设主体。在实践中，既要把教育人、引导人、鼓舞人与尊重人、理解人、关心人结合起来，把人文关怀送到校园的每个角落，又要在高校校园内营造一种追求真知、崇尚科学的气氛，这样，才能不断提高高校生的人文素质和科学素质，并充分发挥其在建设校园文化中的主体作用。

第三，秉承公正，兼容并蓄，在批判精神和包容精神的交相辉映中推进高校校园文化建设。批判精神是高校精神所固有的精神，作为学术研究和文化创新的重要基地，高校只有秉承公正，对各种学术观点和文化理念做出公正客观的价值评价，才能真正发挥其对学术和文化发展的引领功能。包容精神是一种兼容并蓄的开放精神，是一所高校谋求高端发展的生存之道、生命之源。在高校，坚持包容精神，就是要依据社会文化发展的基本要求，树立多样共生的意识，从不同学术和思想文化的争鸣、比较中汲取养分，求同存异、和合共存。唯此，高校才能成为新知识、新思想产生的摇篮和基地。

精神文化是校园文化的核心和灵魂，它集中反映一个学校的特殊本质、个性及精神面貌，体现学校的办学宗旨、培养目标及其独特风格，是文化的最深层的东西。加强学校的精神文化建设对学校理清办学思路、明确办学目标、促进学校管理、加强教师队伍建设、改善学生的精神面貌、全面推进素质教育和提高办学效益起着关键作用。只有优秀的精神文化才能孕育出优秀的学校教育。

校园精神文化是师生员工精神的避风港和养分的补给站。它可以通过各种文化仪式来引导群体成员的行为、心理，使其在潜移默化中接受共同的思想引导、情感熏陶、意志磨炼和人格塑造，产生一种巨大的向心力和凝聚力。它对学校师生员工的思想和行为有着一定的约束作用，使他们自觉地正视道德矛盾，解决道德困惑，明辨是非界限。校园精神文化，是反映一所高校在长期的办学历程中所形成的理想、信念、情操、价值取向和道德水平，以及逐步形成的传统、风格和特色等具有鲜明个性特征的校园文化形态。它是为广大师生所认可的一种积极的思想成果和精神力量，是学校宝贵的精神财富，是校园文化的核心，高校是认识未知世界、探究客观真理、为人类解决面临的重大课题提供科学依据的前沿阵地，是知识创新、推动科学技术成果向现实生产力转换的重要力量。为此，高校必须弘扬求真务实、严谨创新、追求卓越、艰苦奋斗的科学精神，要保持高校师生的学术良知和人文情怀。

（二）精神文化建设是高校文化建设的灵魂

高校历来是继承、传播、创造先进文化的重要基地，同时也是各种意识形态交汇激荡的重要场所。因此，高校在发展过程中必须加强精神文化建设。既要教学生做事，又要教学生做人；在注重科学技术教育的同时，重视精神文化教育，这才是以人为本的教育。我国高等学校肩负着为现代化建设事业培养"四有"新人的重任，是精神文明建设的重要基地，对文化的发展具有继承、吸收、创造、传播的功能。

首先，高校通过系统、持久、有选择、大规模的教学活动，可以把民族优秀传统文化一代一代地传播下去；其次，高校在继承本民族优秀传统文化的同时，善于吸收、借鉴世界各民族的优秀文化，在中外文化的融合碰撞中，根据时代的需要，努力创造出新的文化成果，不断把有中国特色的文化推向前进；最后，高校在培养人才的过程中建设先进文化。先进文化是在培养专门人才的过程中传播和创造出来的，专门人才又是先进文化熏陶哺育出来的。高校精神文化就是要准确地反映中华民族在各个历史时期及发展过程中的基本要求和愿望，准确体现中华民族的优秀传统和精神，并昭示和预见中华民族发展的正确方向。

高校精神文化在体现学校的精神风貌、文化特色、发展方向的同时，还包含精神文明和政治文明建设，对培育高校生的思想道德修养的自觉性，不断提高爱国主义、集体主义的思想觉悟，发扬自尊、自信、自强的民族精神和艰苦奋斗的传统，努力树立正确的世界观、人生观、价值观，成为有理想、有道德、有文化、有纪律的建设者和接班人，实现我国现代化和中华民族的全面振兴，有着不可估量的巨大作用和极其深远的意义。

教学设施作为硬件系统，是学校文化建设的保障，学校通过对校园合理布局、建筑物装饰、名人塑像和绿化美化等景观建设，为学校发展提供优美的物质环境。此外，学校还要对各种硬件赋予其文化内涵，如饱含历史和文化精神、人文理念的"北大红楼"，虽然很简朴，但经历过无数的风风雨雨，见过数不清的大师，当师生站在其面前，历史、文化内涵、先贤哲言扑面而来，仿佛就在眼前，文化教育意义胜过谆谆教诲。学校可对教学设施进行文化定位，对教学楼、体育馆等进行主题命名，点明今后教育内容和发展方向，在日常工作中，对硬件环境进行文化打磨，开展各种德育活动、名人演讲、专题学习，引导师生参与，增加文化底蕴，实现硬环境的人文化，提高其育人功效，最终实现优雅育人环境与充满文化内涵的教学设施充分结合，全面发挥环境在塑造和熏陶学生中的作用，做到环境影响人的发展，为学校文化发展提供动力。

总而言之，精神文化建设是学校文化建设的灵魂，学校要确定办学理念，为校园文化发展提供理论基础，既要继承优良传统，又要敢于创新。从培养人才的角度出发，实现师生共同发展。

四、高校校园精神文化建设的途径

"高校校园文化建设的研究是当今教育研究的一大热点，如何建设适合高校自身发展的校园文化，如何利用校园文化加强对当代大学生的思想政治教育，这既是一个重要的理论问题，又是一个重要的实践问题。"①

（一）开展校风、教风与学风建设

首先是校风建设。校风是全校师生员工共同努力，在长期教育管理中逐步形成的相对稳定的精神状态和作风。它是道德情操、学习风尚、工作态度的综合反映。从校风体现形式上看，校风主要表现在校训、校歌、校徽和校旗上。优良的校风激励着教师为人师表、教书育人，也鞭策学生勤奋学习、积极向上。其次是教风建设。教风是教师在长期教育实践活动中形成的教育教学的特点、作用和风格，是教师教育理念、道德品质、文化知识水平、教学技能等素质的综合表现。最后是学风建设。学风是指学生集体在学习过程中表现出来的治学态度和方法，是学生在长期学习过程中形成的学习习惯、生活习惯、卫生习惯、行为习惯等方面的表现。

1. 开展校风建设

校风建设实际上就是校园精神的塑造，校风作为构成教育环境的独特因素，体现着一个学校的精神风貌。在校风体现形式上，校风主要表现在校训、校歌、校徽和校旗上。好的校风具有深刻"强制性"的感染力，使不符合环境气氛要求的心理和行为时刻感受到一种无形的压力，使每一个校园人的集体感受日趋巩固和扩展，形成集体成员心理特性最协调的心理相容状态；好的校风具有对学校成员内在动力的激发作用，催人奋进；好的校风对学校成员的心理发展具有保护作用，对不良心理倾向和行为具有强大的抵御力量，有效排除各种不良心理、行为的侵蚀和干扰。

2. 开展教风建设

教风是教师在长期教育实践活动中形成的教育教学的特点、作风和风格，是教师道德品质、文化知识水平、教育理论、素质等方面的综合表现。要抓好校风建设必须抓好教风建设（包括工作作风建设），因为学校是育人的场所，是人才的摇篮，而教师是人才的培养者，理应在育人（管理育人、教书育人、服务育人）的过程中发挥主力军的作用，只有在干部职工中树立起实事求是、艰苦奋斗、勤政廉政、团结协作、高效严谨、服务周到、细心耐心的工作作风，在教师中树立起为人师表、教书育人、治学严谨、认真负责、耐心细致、开拓进取的教风，才能引导和促进勤奋学习、积极向上、严谨求实、尊师重教、遵纪守法、举止文明的优良学风的形成。总而言之，没有良好的工作作风和教风就难以形成良好的学风。

---

① 王洪昌. 对高校校园文化建设途径的研究 [J]. 卫生职业教育，2012，30（2）：18.

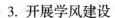

3. 开展学风建设

学风是指学生集体在学习过程中表现出来的治学态度和方法，是学生在长期学习过程中形成的学习习惯、生活习惯、卫生习惯、行为习惯等方面的表现。优良学风像校风、教风一样，对学校教育教学质量的提高，对学生人格品质的发展和完善，对培养学生成为德、智、体、美、劳全面发展的接班人，都有重要意义。学风不仅受校风、教风的影响和制约，而且对校风、教风的形成起促进作用。优良的学风对学校教育教学质量的提高，对学生人格品质的发展和完善具有重要意义。

（二）开展第二课堂文化建设

第二课堂在高校校园精神文化建设工作中起着特别重要的作用。高校对学生的培养教育主要是通过两大课堂同时进行的：第一课堂是进行教学活动，它对人才培养提出普遍性要求，解决的是共性问题；第二课堂是在教学计划之外组织学生开展的各种有意义的教育活动，主要包括政治性、学术性、知识性和娱乐性的活动。第二课堂的目的是发挥学生的特长，解决的是特殊性、个性的问题。第二课堂文化活动的实践作为一种特殊教育渠道，能够达到第一课堂教学所无法代替的教育效果。丰富多彩的第二课堂文化活动，可以形成良好的环境氛围，有利于学生陶冶情操、开阔视野和丰富知识。

（三）充分利用网络文化建设

高校要站在时代的高度，以敏锐的眼光认真研究、总结和把握网络文化的客观规律，充分利用网络这一载体，广泛传播文明，抵御不良影响，占领校园网络阵地。要让主题鲜明、丰富多彩的精神文化网站、网页成为高校校园多层次、立体化、综合性校园文化和教育体系的前沿阵地。网络有利于提高校园精神文化和思想政治教育的针对性、实效性和主动性，扩大覆盖面，增强了影响力，并受到广大师生的欢迎。

第四节　新媒体时代高校精神文化建设思路

一、新媒体时代高校科研创新精神文化建设思路

高校教育的目的是培养祖国合格的建设者和接班人，培养有理想信念和创新能力的高素质人才，在这一过程中不能忽视校园精神文化建设这一隐性教育的载体，校风校训、师德师风、科研创新等更是起着潜移默化的作用。

第一，高校要给师生提供科研平台，举办学术讲座，激发师生科研创新的热情，增强学校精神文化的凝聚力、向心力和生命力，保证高校持续稳定地发展。例如，学校实行导师制度，学生入校配备新生学习导师、科研指导导师、创新创业导师，为高校学生成才发展保驾护航；同时，学校经常举办学术性讲座、创新科研讲座等，把科研创新的理念渗透深入高校学生日常的课程课堂中，进一步开阔学生视野，深入了解国内外最新学术动态的同时，最大限度地激发、培养科研创新能力；学校每年都出台激励政策，鼓励师生参与各种科研活动、创新比赛活动等。此外，学校还突出协同创新特色，围绕学科、教学、科研三大主场，建设、整合、提升和创新各类平台。

第二，学校注重高校学生创业创新能力培养，建有省级高校科技园和国家级高校学生众创空间，培养具有科学信仰、科学能力、科学品质、科学精神等科学素养的建设者和接班人，高校学生肩负使命，刻苦学习，表现出时代赋予的优秀品质与良好精神风貌。

第三，学校坚持开放办学，积极开展国际交流活动，为学生的成长提供国际化的舞台。以项目形式持续开展互派留学生、教师访学、科研合作等工作。

二、新媒体时代高校服务社会精神文化建设思路

社团和社团活动是校园精神文化最好的表现形式。坚持培养优秀人才，为国家和社会输送了一批又一批人才，大量学生响应国家号召，奔赴西部偏远地区从事基层服务工作，回报国家和社会。学校的阳光志愿者协会等多个志愿者社团更是走出校门，走向社会，用具体的行动诠释了爱国主义的内涵。学校团委每年都会开展丰富多彩的校园文化活动，如文化艺术节社团活动、民族文化节活动、中国传统文化大赛、音乐舞蹈大赛、汉字听写大赛、高校学生才艺大赛等，进一步引导当代高校学生树立正确的价值观和审美理念，培育高校学生深厚的民族情感，弘扬中华优秀传统文化，激发大学生想象力和创新意识，切实提高文化育人的实效。

第 三 章
新媒体时代高校校园班级文化建设

第一节　高校校园班级文化建设的意义

一、体现先进文化

如果要实现大学生思想政治教育、保证思想政治教育的实施和有效性，那么就须看重思想政治教育的方式方法及艺术，尽最大可能地强化大学生思想政治教育的浸透力和吸引力。高校班级文化建设是大学生思想政治教育的一个重要依托，高校班级文化可以从此方面发挥重要的作用。

高校班级文化具有独特性、差异性、交融性，这些特点在很大程度上能够激活大学生思想政治教育工作的内容，使思想政治教育更富有活力，更容易被人们所接受，使人们在不知不觉中受到教育与熏陶，进而取得一个好的效果。

二、进一步加强校园文化建设的需要

就大学生的个体社会化而言，班级集体对其有着相当重要的制约性作用和影响。"处在集体中的任何一个个体必然会受到集体舆论及集体规范等的一些约束和影响；高校班级文化所具有的一些特殊功能在很大程度上可以为大学生适应社会约束提供一个良好的发展平台。"①

随着社会经济制度改革的深入，社会上逐渐浮现出多种价值体系及各种评判标准相互依存的现象，该种情形同样在高校校园中引起了各样反映。在该种情形之下，引导大学生树立一个正确的、符合社会要求的价值观，已成为高校思想政治教育工作的一项主要任务。高校思想政治教育工作的依托——班级文化，在实现这一主要任务中发挥着相当关键的作用。因为从高校班级文化的价值导向上来看，高校班级文化基于一定程度上的精神环

①李小玲．高校班级文化建设现状及策略研究［D］．重庆：西南大学，2012：13.

境与校园文化气氛使生活在班级中的学生在不知不觉中从价值取向以及思想观念等对现行的文化价值产生统一的认识，进而实现对学生心灵以及性格上的塑造。班级精神是高校班级文化的灵魂和关键，而在高校班级文化中，师生的共同价值观是班级精神最深层的一种体现，它对师生的行为方式以及精神状况在很大程度上发挥着相当重要的作用。从文化的心理机制来讲，可以将文化视为群体所形成的一个统一的心理程序，所以，在班级这样一个特定的生活环境中，高校班级文化所肯定的一些行为和事物一定会被大量的学生所追求和推崇，而它所否定的一些行为和事物一定会被大量的学生所鄙视和批判。高校班级文化具有这种导向功能，它能将一些满足社会要求的正确的价值观在文化建设、文化活动中进行融会贯通，在班级内部进行正确的价值性、舆论性的导向，同时对大学生产生持久的作用，使大学生通过高校班级文化的感染和浸透，形成一个较为统一的、满足社会要求的价值观。

高校班级文化建设的主要目标是形成一个既是发展的又是团结的精神面貌。一个良好的班级文化能给人一种同学间互相帮助、互相团结的温暖感觉。高校班级文化建设对师生之间的平等关系进行了研究。这种气氛能给人一种清新自然、欣欣向荣的感觉，始终给人一种积极向上的力量。如果这种关系形成了，那么将会在师生之间产生巨大的吸引力，使其形成统一认识，发挥各自的力量为班级做出最大的贡献。高校班级文化是一种凝聚力比较强的文化，其将师生之间的共同理想以及统一追求等密切地联系在一块，形成统一认识。同时，高校班级文化又具有一定程度的约束功能，使所有成员均能承受一定的约束，自觉地对自己的行为进行适度的约束与规范。一个良好的环境在很大程度上对人具有一定的促进、感染及约束作用，可以潜意识地对人进行熏陶和感染。环境在很大程度上影响着高校思想政治教育的运行和落实。有关研究证明，在一个气氛和谐的环境中，高校思想政治教育便能获得更好的效果；反之，将无法达到预期目标和效果。因此，加强班级文化建设，是进一步加强校园文化建设的需要。

三、引领学生价值导向的必然要求

高校班级文化对大学生的道德教育起着十分重要的促进作用，高校班级文化以其榜样的示范性以及目的的隐蔽性进行一定程度上的影响，实现对所有组成人员的同化，提高所有组成人员的道德素质。

第一，高校班级文化当中"榜样"的示范性作用在很大程度上能够促进大学生的思想品德教育。高校班级文化基于行为规范以及价值观，在一定程度上为在校大学生树立了品德教育的榜样。价值观对大学生所进行的一些道德教化并非仅仅是一些硬性的要求，而是从学生内心深处发出的一种理性约束。大学生通过班级文化，学到一些共同认可的价值观，进而对自身的价值取向进行确定，使自身的行为结果能够在一定程度上满足社会期望。高校班级文化当中的一些行为规范，既有成文的硬性品德教育规范，又有不成文的软性规范。班级文化的实施也并非只依赖强制，而是班级中所有学生彼此磨合后，在潜意识中所形成的一种互动结果。大学生还可以从高校班级文化中对自己的人格榜样进行树立，该种榜样是在高校班级文化逐渐形成的过程中被学生认可的，而且，这榜样并不是依靠班干部及教师进行树立的，而是依赖自身的人格魅力进行树立的，因此，这种示范作用不难被所有班级成员接受。

第二，由于高校班级文化具有隐性特征，所以班级文化对大学生在品德教育方面具有一定的促进作用。品德教育的一个最大特点就是一定受教育人员的情、知及意、行的相互统一。这就给教育者提出了一个要求，即要求受教育者从主观意识上接受品德教育，这样方可取得进一步的效果。而高校班级文化所具有的隐性特征则不难被受教育者所接受，进而达到了一种品德教育的效果：①高校班级文化品德教育目的的隐蔽性特征易被大学生接受；②高校班级文化品德教育途径的隐蔽性特征易被大学生所接受。

四、促进大学生全面发展的客观要求

班级文化建设是校园文化建设的一部分，加强高校班级文化建设是促进大学生全面发展的客观要求。班级文化有助于室风、班风、校风的形成，能增强班级凝聚力。高校班级文化建设首先要营造班风。班风就是班级的良好风气。一个班集体的班风既有丰富的内涵，又有明显的外在表现。从内涵角度来说，班风应体现在班级奋发向上的班级精神和班级奋斗目标的主要内容中。但班风不是辅导员、班主任随意确定的，班风确定的过程，应该是学生自我教育、自我管理的过程。良好的班风和班级精神有利于学生文明习惯的养成，有利于增强班级的凝聚力，有利于班级目标的实现。一个有良好班风的班级，学生能严于律己、十分注重仪表、文明卫生。良好的班风形成以后，辅导员就会从班级琐事中解脱出来，致力于班集体建设的其他工作，班集体就会蒸蒸日上向前发展。班级文化建设其次要创造学风。学风建设主要是培养、激发学生正确的学习动机，提高学习自觉性、积极性，指导学生在学习中进行自我管理。如制订学习计划、作息时间，养成良好的学习习惯等，进行学习方法指导。教师要教育学生努力学习，提高全班学业成绩，协调各学科的发展水平，确保学生全面发展。

第二节　高校校园班级文化建设的对策

一、优化班级文化建设的运行机制

班级授课制是我国开展教育的主要形式，而其中的班级文化作为一种软性的教育力量发挥着重要作用，所以关注教育就必须重视班级文化的建设。[①] 在弹性学分制等因素的影响下，班级成员在时间和空间上的离散程度高，同学间相互交流和有效沟通的机会减少，在一定程度上拉开同学之间的距离，很容易造成班集体组织观念的淡化。在这种情况下，建立通畅的沟通渠道是非常必要的。一方面，注重班会的开展，只要班主任和学生对班会善加利用，就可以在学生之间、师生之间、教师之间创造更有成效的沟通机会。如果考虑到班级主题活动的策划、组织和实施、反思等过程，就可以看到，其中可供自由发挥的资源非常丰富。另一方面，组建学生合作小组，形成富有活力的小团队。在班级人际关系网中，小组是一个值得开发的重要节点。组建小组的方式可以多样化，并根据实际需要灵活调整：既可以将不同发展水平的学生组成一个小组，也可以在另一阶段、另一领域根据学生成绩组建学习小组，还可以根据学生自愿组合的原则，将非正式群体转变为班级正式群体。无论采用哪种方式，小组都应该成为富有活力、能切实促进学生个体和班级整体发展的小团队。学生合作小组还可以成为供同一班级所有学科教师共同利用的一个平台，促进学生在每一门学科中的学习和发展。

二、安排班级文化建设的主题活动

高校学生在踏出校门的那一刻，就标志着他是一个心智成熟、健康完备的社会公民。而在此之前，高校学生的发展还是处于阶段性、系统性的发展状态中。为适应高校学生思想政治教育工作，班级管理需要形成跨越几个学期的长期教育主线，提炼每阶段的发展主题。在此基础上，还需要在每个学期中，围绕发展主题，整体策划班级发展。系统安排一个学期的系列活动，应当成为一条必用的方法。

第一，根据班级发展计划，协调不同阶段的活动。在制订班级计划时，比较常见的情形是照搬学校层面的"德育工作计划"之类的文件，将学校部署的相关活动填写在本班计划之中。教师应创造性地执行学校或上级德育主管部门整体部署的任务，并将其落实于研

---

①张文惠. 高校班级文化建设的路径探讨［D］. 天津：天津师范大学，2012：1.

究和满足学生成长需要的活动之中。我们可以根据自主的班级发展计划，开发并协调一学期中不同阶段的活动。在创建"民主型班级"的第一学期，一名班主任就尝试着让班级活动形成系列，前后呼应，构成整体思路。

第二，根据班级活动需要，安排学生分工合作。要开展立足于学生成长需要的班级活动，班主任和学生就要进行自主创造，而不是机械地搬用各种现成的做法。将学生组织起来，让他们分工合作，可以有效地开发班级活动的教育价值，让每一名学生在积极参与活动中获得多方面的发展，包括融入班集体、加深同学间的相互了解和情感联系、充分锻炼并合理展示才能。例如，在确定班级活动主题后，可以成立班会筹备组，由班干部、班主任、学生代表组成。筹备组采用自荐与推荐相结合的方式确定主持人、总负责人、后勤人员等。召开第一次筹备会议，主要由班干部、主持人、后勤及学生代表协商班会的形式、活动内容、环境布置、须采访的对象、联系工作等，分头落实，总负责人予以协调。在此基础上，有的班级还利用双班委制、小组合作等方式，让两个或多个小组轮流策划和组织班级活动，同时，在小组内部又进行合理的分工，从而为更多学生提供成长机会。

三、参与班级文化建设的群体活动

在"民主型班级"中，应形成一个由个体、小组（一定要打破舍友关系）、班级组成的人际关系网。每一个学生个体的发展活动，都应在班级整体中产生更充分的教育价值，每一项班级活动也应对所有学生产生教育作用。所以，辅导员应以更高境界的教育思想，梳理、整合并协调学生的活动。

第一，关注学生的不同特点，将个体发展纳入班级整体格局之中。学生发展存在差异：就学业表现而言，有成绩优秀者、成绩居中者和暂时落后者；就行为表现而言，有班级活动的骨干分子、积极参加者和暂时孤独者。这些差异都可以成为班级管理的教育资源。学生生活中必须和自己周围的人做各种各样的人际交往。建立三个层面的班级人际关系网络，有助于同学们联系感情，也有助于培养同学们为处理之后的人际关系发展自身能力。在这种情形下，教师也能轻松地进行工作。教师能以人际网络为背景，深入了解每个学生的发展状态，激活学生的思想，引导学生成长。当然对于这种状态一定要持之以恒，并且对学生做出严格要求。

第二，组建学生合作小组，形成富有活力的小团队。在班级人际关系网中，小组是一个值得开发的重要节点。组建小组的方式可以多样化，并根据实际需要灵活调整：既可以将不同发展水平的学生组成一个小组，也可以在另一阶段、另一领域根据学生成绩组建学习小组，还可以根据学生自愿组合的原则，将非正式群体转变为班级正式群体。无论采用哪种方式，小组都应该成为富有活力、能切实促进学生个体和班级整体发展的小团队。如果我们愿意进一步努力，学生合作小组还可以成为供同一班级所有学科教师共同利用的一个平台，以促进学生在每一门学科中的学习和发展。

第三，利用学生友情小组，丰富班级生活内容。因为友情和共同爱好而常在一起活动的学生组成的群体，对于这类群体，教师可以给予关注、指导，并加以利用。实际上，大部分学生都很看重与他人的交往，把这视为自己获得友谊、支持和进步的有效途径。在需要召开主题班会时，教师可以采用"招标"等方式，让同学们相互合作，共同排演一些节目，参与班级活动的策划与实施，有时候，这些小组的创意还会大大超出教师的预想。在此基础上，教师还可以引导他们达到更高境界。

四、建立畅通的班级文化沟通渠道

要建设"民主型班级"，当然要在师生、学生与学生乃至其他相关者之间建立畅通的沟通渠道，以便使交流更为广泛、深入，为落实"敞现—交流—辨析—提升"的教育思路提供基础，教师可尝试以下方法：

第一，利用常规沟通渠道，及时交流成长体验。与学生沟通的常规沟通渠道，仍可以被有效利用。这里的"有效性"需要超越通常的标准，从提升学生精神生命质量的角度来衡量，即做有意义的沟通。因此，辅导员需要通过这些常规渠道，引导学生学会反思、提炼和表达自己的成长体验。同时，辅导员还要从中体会学生的成长感受，发现其需要，通过及时的反馈、提炼，将这些感受和需要纳入班级建设的整体格局之中，使之产生更大的教育价值。

第二，开发利用网络平台，提升学生交往质量。随着网络的普及，许多教师已经开始利用网络平台中的腾讯QQ、电子邮件等工具，加强与学生的沟通。网络工具不仅能弥补常规沟通渠道的不足，还能产生超越后者的效果。

第三，利用班报深化理性思考。班报可以用一个相对正式的方式，弥补其他交流反馈方式的不足，集中呈现平时分散呈现的交流情况，凝聚师生共同思考所产生的智慧，使学生在更深层次对自身发展、班级生活进行理性思考。它还能活跃班级文化生活，让学生在办班报的过程中建立深厚的友情，培养他们的团结协作精神，使他们学会与人为友，建立和谐的人际关系。同时，办班级小报，也为学生提供了展示文学才华的天地，提供编辑组稿的工作经历。此外，随着现代化媒体技术的普及和网络的流行，发动班内学生专门成立一个网页小组，制作班级网页，甚至编辑电子版的班报，能够让他们在不断丰富网页内容的过程中增强集体荣誉感，感受到作为这个班级一员的自豪与快乐，也让班报有了新的载体。

第四，利用班会全面加强沟通。班会实际上是比课堂教学更为开放，也因此拥有更为广阔的自由创造空间和更多的教育机会。只要班主任和学生对它善加利用，就可以在学生之间、师生之间、教师之间创造更有成效的沟通机会。考虑到前述的班级主题活动的策划、组织和实施、反思等过程就可以看到，其中可供自由发挥的资源非常丰富。

五、构建班级文化的多元评价机制

辅导员要通过班级管理提升学生个体和班级整体的精神生命质量，就需要不断激活学生的自主意识、培养他们主动发展的能力。辅导员发动学生一起构建，让每一种班级生活因素都发挥作用的多元评价机制，促进学生发展。在通常的评价（如成绩报告单、"三好学生"的评选）中，评价对象主要是学生个体。评价过程固然有激发学生的作用，但其指向在于给学生一个评价结果。在评价结束后，评价结果能发挥哪些作用，由学生自己把握。相比之下，起着"反馈"作用的评价，则有三个特点：①评价对象不仅有学生个体，也有学生群体；②评价的指向不仅在于给出一个结果，还在于通过评价过程促进学生个体和群体的反思；③评价结束后，评价结果成为学生成长过程中的一个标志，在学生的后续发展中发挥更多启发作用，以便促使学生更加自觉地主动拓展发展领域、提升发展境界。因此，这样的评价不仅呈现结果，更为学生指明发展中有所进步之处和还需要努力的方向；不仅对照一定标准指出学生的不足，更是充满希望地启发学生看到新的发展空间。

第三节　新媒体时代高校班级文化建设

一、新媒体时代高校班级文化建设的影响

（一）创造发展机遇

第一，参与广泛性。以往班级文化的开展局限于传统以班级建制为单位的物理空间，高校围墙成为班级文化活动的边界。而网络新媒体延伸了高校学生的认知时空，其特有的超时空特性，可以让班级成员随时随地对某一活动主题进行讨论、交流，班级同学间的交流自由度不断扩展，提供了班级文化建设的沟通基础。

第二，交流及时性。新媒体下点对面、点对点等多种交互方式，可以让学生在轻松环境中解决班级发展及生活、学习中遇到的问题。新媒体时代，班级成员通过网络平台建立沟通、联络渠道，发布重要紧急通知、日常信息和班级服务信息等，及时了解、掌握、获悉班级事务，及时、准确、全方位地把握班级文化动态。

第三，效果实效性。新媒体时代高校校园文化的价值选择更加多元，班级文化和社会主流文化对接渠道被打通，学生个性化需要得到满足；网络新媒体更容易激发学生心理需求和行为主动性，为高校学生提供了展现自我的新平台；网络的个性化特征促使班级文化突破陈规、不断创新，从而为校园文化建设发展提供多样化载体和丰富化内容。

（二）具有冲击挑战

网络新媒体目前给高校班级文化建设以及高校思想政治教育带来前所未有的冲击和挑战，其挑战既来自网络新媒体自身技术应用层面，更来自教育双方的思想观念层面。

第一，价值观念多样化。目前网络已成为全球化的多元开放系统，网络新媒体时代信息量巨大、传播速度快，对网络信息的监控和疏导成为新难题。班级文化建设要求具有统一的班级建设愿景和共同奋斗目标，但网络新媒体渗透的多元化价值观既可能与校园主流文化相矛盾，又易与班级文化发展愿景产生分歧。

第二，教育主体自我化。网络新媒体环境下班级文化的教育功能有所减弱，学生每天都接触海量的资讯信息，对思想、言论和权威不再盲从，而是服从于自己的理想和信仰，此时班级文化建设的主体从班级组织转为班级成员，而每个学生都是麦克风，逐步成为独立的信息源，导致权威意见缺乏，在班级文化建设和班级事务上众说纷纭，一致的意见难以达成，班级文化建设的主导权有所削弱，主流文化的话语权缺乏保障。

第三，现实人际交往弱化。网络媒体环境下学生间的交往方式正在悄然变化，高校学生更喜欢虚拟空间的交往，他们过分倚重虚拟空间的人际往来，容易沉迷于网络新媒体世界，参加班级活动的热情减退，容易忽视周围同学的存在，人际交往虚拟化、空心化、碎片化等特征逐渐显现，高校学生的现实人际交往能力呈退化趋势。

二、新媒体时代高校班级文化建设的开展

网络新媒体技术的广泛应用给高校班级文化建设带来了机遇和挑战，高校学生教育管理工作者应主动适应网络文化的改变，以班级文化建设为抓手，为学生的学习、工作和交往创造良好的环境；班级文化建设要坚持以学生成长、成才为目标，强化人文关怀，从而促进校园文化发展繁荣，有效推进和谐校园建设。

（一）注重培育班级品牌活动

班级活动是素质形成发展的主要动力，是班级教育的重要机制，是学生自我教育的基础，是建设班级文化的最佳途径。除了完成院校布置的"规定动作"活动外，班级应努力打造自己的品牌、特色活动。活动前应做好统筹和协调规划，既要适合学生的心理特性开

展好线上活动，又要打破沟通的壁垒开展好线下活动；活动开展中利用网络新媒体特性及时上传班级举办活动的详情，注意动态呈现班级文化成果；活动后运用网络媒体记录活动点滴，做到活动感悟及时分享，培养学生对班集体良好的认同感和归属感，促进班级活动良性发展。

（二）统一校园文化传播工具

高校学生教育管理部门最好能够在全校范围内建立一个学生广泛认可的媒体交流平台。目前部分高校使用的网络信息管理系统在信息发布、通知公告、材料报送等方面已经相对成熟和完善。多数学生的兴趣点在其他通信类或社交类媒体上，网络信息渠道的分化性选择客观存在。缺乏统一的平台，给班级工作带来一定的影响，从全局角度来看，也不利于整体校园文化的传播、推广。因此，设计、整合推广统一的媒体类平台，充分利用好新媒体的即时通信功能，通过发表自身评论、建议，实现实时动态，可以有效促进交流和文化传播。

（三）重视学生网络道德教育

网络世界纷繁复杂，高校相关部门要用现实的道德标准来约束学生在网络中的行为，增强高校学生的网络自律意识，使高校学生自觉成为网络道德的推动者和倡导者；充分发挥群体间矛盾所形成的正功能，利用好朋辈作用和群体间的价值协商过程，强化班集体聚合作用，明确班级愿景，抓好班风建设，强化激励机制，加强主流文化的宣传和引导，对学生进行正向引导，将主流文化融入班级文化的建设中来，成为凝聚人心的最大力量；强化学生的媒介素养教育，提高对网络媒介的认知能力、对网络信息的解读能力及利用网络信息发展和完善自我的能力；加强学生的自我管理、自我教育和自我服务，不断增强班级文化的吸引力和感染力。

（四）加强高校网络舆论引导

彼此信任、相互关心、感情融洽、积极向上的班风离不开网络舆论的正确引导。班级学生干部是学生的同龄伙伴，他们最容易与学生进行心理沟通，要主动培育"网络红客"和网络意见领袖，以班干部为核心进行集体教育，发挥好朋辈教育的优势；辅导员是学生成长的引路人和班级文化建设的指导者，加强辅导员的新媒体知识培训，提高使用新媒体兴趣和强化新媒体引导能力；网络功能重在宣传和沟通，高校要主动开展主流价值观培训，增强思想意识，增强引导舆论的能力，把握舆论主动权，引领舆论导向。

第四章
新媒体时代高校校园网络文化建设

第一节 高校校园网络文化建设及其特征

校园网络文化是校园文化的重要组成部分，既是对传统校园文化的反映和虚拟，也是校园文化的发展与延伸，具有技术性、多元性、交互性、导向性四个主要特征，包括物质、精神和制度三个层面的构成要素。校园网络文化不仅构筑了全新的网络生活方式和生存方式，且深刻地影响和潜移默化地改变高校学生的认知、情感、思想、心理和行为方式。目前，高校网络硬件设备、网络阵地建设、网络文化工作队伍建设相对滞后，网络文化内容不能满足师生日益增长的需要，对校园网络文化建设提出了严峻的挑战。校园网络文化建设应该围绕立德树人的根本任务，进一步健全管理工作机制，不断提升队伍运用网络开展工作的能力和优秀网络文化产品的供给能力，加强高校学生网络文化工作室建设，实施高校学生在线引领工程和易班推广行动计划，不断开创校园网络文化建设新局面。

一、高校校园网络文化建设的概念

目前，互联网已经成为重塑国际政治、经济、文化、社会发展新格局的重要力量，成为影响教育事业改革发展和人才培养质量的最大变量。随着互联网技术的飞速发展，校园文化建设不可避免打上了网络的烙印，呈现出许多新的特征。意识形态的热点、舆论引导的难点和高校学生思想政治教育的重点都在网络上。落实立德树人的根本任务，必须把网络文化建设作为重要的切入点和着力点，把工作重心向网络空间延伸，把思想引导向网络空间渗透，把互联网变成宣传思想文化阵地，切实发挥高校网络文化的育人作用。

（一）高校校园网络文化建设的内涵

校园网络文化是高等学校在教育教学、培养人才的过程中，基于计算机与通信技术这种物质基础创造的一切财富和精神的总和，是高校教育者和被教育者通过网络进行工作、学习、交流、娱乐等活动时形成的一种以思想传播、文化传承、道德教育、娱乐审美为主要内容的精神文化活动。校园网络文化的基础是计算机和互联网通信技术，载体是电子信息，参与主体是学校这一特定区域环境内的师生，内容是通过网络进行信息交流的活动形式及其道德修养和行为规范的总和。

网络文化指以计算机技术和通信技术的融合为物质基础，以发送和接收信息为核心的一种崭新文化。这是一种与现实社会文化具有不同特点的文化。高校校园网络文化是高校校园文化在网络环境下的新发展，是高校校园文化的重要组成部分，其建设的目标与传统校园文化高度一致，既是对传统校园文化的反映和虚拟，也是校园文化的发展与延伸。

校园网络文化有别于一般的社会网络文化和传统的校园文化。一方面，校园网络文化因为立足校园，建设的主体是高校师生，与社会网络文化相比，呈现出知识密集、思维活跃、创新性强、导向性强的特点；另一方面，因为互联网的开放自由、匿名交互、信息庞杂、思想多元和去中心化，校园网络文化的影响方式、管理模式、师生认知习惯等都与传统校园文化存在较大的差异。"传统的校园文化建设在一个相对封闭的校园环境内，有计划、有组织地对固定的人群实施积极的影响，凝聚精神共识，形成校园风气"①；校园网络文化建设是在一个开放的网络环境中，思想内容多元多样、参与主体鱼龙混杂，积极正面的内容和消极的内容共同存在，可以通过潜在的方式对学生精神意识和行为习惯进行影响。

（二）高校校园网络文化建设的重要性

网络是高校师生获取信息并进行交流的重要渠道，是高校师生学习和工作密不可分的伴侣，并深刻影响着师生的思想观念、价值取向、行为模式和生活方式。高校校园网络文化已经成为高校师生精神生活的重要载体，是高校校园文化不可缺少的重要组成部分。加强校园网络文化建设是推动社会文化大发展大繁荣的必然要求，是占领宣传思想文化阵地的客观需要，是促进高校学生身心健康发展的迫切需要，是坚持育人为本、德育为先、立德树人的现实要求。

二、高校校园网络文化建设的特征

校园网络文化是网络条件下所形成的一种不断发展的校园文化，呈现出技术性、多元性、交互性、导向性四个主要特征。

第一，技术性。网络技术是校园网络文化的物质基础。校园信息化建设水平、主干网络的稳定性、无线网络的覆盖范围、信息安全、网络新技术和新产品等都对校园网络文化产生深刻影响。目前，网民规模增速提升，网络技术日新月异，个人上网设备向手机端集

---

① 冯刚. 新形势下推动高校网络文化建设的思考与实践 [J]. 思想教育研究，2015（8）：3.

中，各类移动互联网应用层出不穷。随着移动上网的普及，"无时不网、无处不网、无事不网"已经成为校园网民的生活常态。

第二，多元性。受全球化趋势影响，世界范围内思想文化交流、交融、交锋更加频繁，思想文化领域的国际竞争更加激烈，互联网已经成为各种思想观点、各类社会思潮、各种利益诉求汇聚的平台，许多国际政治问题、国内社会矛盾问题、思想理论热点问题，通过互联网不断催化和放大，各种社会思潮相互交织和相互作用，民意放大、信息失真和网络道德沦丧屡见不鲜，个人的偏激言论通过网络很容易扩散为非理性的社会情绪。网络上的多元价值和多元文化对学生的思想产生深刻影响，在一定程度上可能引发学生思想及价值取向的混乱，甚至引发行为失范，进而影响到社会和校园的和谐稳定。

第三，交互性。互联网是一个开放的、双向的信息传播平台，具有交互性的传播特点，每一个网民既是信息的获得者，同时也是信息的发布者和传播者。高校学生对网上思想观点的选择具有明显的个性化特征，他们自主选择交流对象、交流内容和交流方式，通过关注、互粉、订阅等来选择自己的好友圈和信息来源，可以选择是否认同某种观念、是否接受某种渠道和载体，甚至可以自主选择如何对信息进行意义建构。学生与网络"各色人群"互动交流，主动或被动接受各类网络信息、各种思想观念，不断内化或放弃网络舆论传播的思想观念，不断重构原有的知识和价值观，接受各种看不见的影响。在网络空间，师生角色平等，教师甚至可能接受学生的"知识反哺"，导致教育主客体"角色互换"。

第四，导向性。高校是传承和弘扬先进文化的重要基地，校园网络文化的参与主体为高校师生。校园网络文化的价值不仅在于它能够满足高校师生的文化需要，还在于能够为高校校园文化参与主体之一的高校学生提供正确的价值导向，促进高校学生的全面发展。互联网不断强化或者是弱化着高校学生思想政治教育效果，网络意识形态工作的主动权、话语权面临巨大挑战。因此，校园网络文化需要以社会主义核心价值观为指导，围绕立德树人，开展思想政治教育，引导学生树立正确价值观；同时，还要通过高校辐射社会，传播正能量，引导社会网络文化风气。

青年学生基本不看主流媒体，大部分信息从网上获取。互联网已经成为舆论斗争的主战场，成为高校思想政治工作面临的最大变量。校园网络文化覆盖面广、亲和力强，潜移默化地影响着学生思想政治素质的养成。对青年学生而言，校园网络既是他们学习知识、获取信息的重要渠道，又是他们表达思想、交流感情的重要场所，更是他们熏陶心灵、转化行为的重要途径。如果对师生的网络言论管理不及时、引导不到位，就会给学校和社会的稳定带来不良影响。校园网络文化建设具有导向性，要用先进的思想文化去占领校园网络文化阵地，努力营造文明健康、积极向上的校园网络文化氛围，让校园网络成为校园文化服务的新平台、成为立德树人教育的新空间。

第二节　高校校园网络文化建设的构成要素

一般而言，网络文化是指以网络技术广泛应用为主要标志的信息时代的文化，可以分为物质文化、精神文化和制度文化三个要素。物质文化是指以计算机、网络、虚拟现实等构成的网络环境。精神文化主要包括网络内容及其影响下的人们的价值取向、思维方式等，其范围较为广泛。制度文化包括与网络有关的各种规章制度、组织方式等。这些要素不是孤立存在，而是相互制约、相互影响、相互转换，显示出网络文化的特殊规律和特征。校园网络文化建设的构成要素包括物质、制度、精神三方面。

一、物质层面的构成要素

物质是校园网络文化发展的基础，主要包括网络技术、网络基础设施、校园数字图书馆、校园数字化平台、多媒体教学软件等这些可感知的、具有物质实质的文化事物。随着互联网技术的革新，校园网络文化的物质载体经历了一个快速演变的过程，经历了三个时期。

第一个时期是以超文本链接为主的 Web1.0 技术时期。这个时期集信息共享与交互于一体，信息经过门户网站、搜索引擎等呈现给用户。

第二个时期是以 BBS、博客为代表的 Web2.0 技术时期。这个时期具有关系扁平、内容多元等特征，尊重用户主动权和用户需求，重视传播效果，BBS、博客等网络媒介深受高校学生欢迎，成为高校信息获取、人际交流、文化活动的重要平台，成为高校思想交流的重要载体和网络舆论的重要阵地。

第三个时期是包括云计算、大数据和物联网等在内的 Web3.0 时期。这个时期呈现出全环境网络化、智能化、移动化、个性化的特点，实现了从 PC 互联网到手机等移动终端的兼容，通过数据挖掘等技术为用户提供多渠道内容和个性化服务，高校师生用网程度进一步加深，积极利用网络参与社会公共事务、处理个人生活事项，表征化的正面教育内容影响力减弱，官方权威信息受到质疑，网络负面信息、虚假信息、非理性行为对高校师生产生潜移默化的影响。

Web 技术从互联、社交再到移动的变化，使得网络从简单的连接工具演变为社交与分享平台。基于互联网技术的演变，网络文化建设也经历了四个阶段：接入互联网的初步探索阶段；以各类红色网站建设为特征的主动建设阶段；以综合性校园网络建设与发展为特征的自觉深入阶段；以完善校园网络建设管理机制和应对个性化沟通网络技术为特征的深化发展阶段。

目前，就网络文化建设的载体而言，包括校园网（主页、网页、论坛）、新媒体（微信、微博和校园新媒体矩阵）、客户端（新闻客户端、校园应用 app）等新兴网络文化载体。高校逐步形成了以门户网站为中心、新闻类网站为重点，以学生广泛参与的新媒体为主力，各类业务系统和服务性网站共同发展的网络文化格局。融思想教育、教务教学、生活服务、文化娱乐为一体的高校学生网络互动示范社区得到全面推广。

二、制度层面的构成要素

制度是指师生在网络实践中建立的各种规范，校园网络制度是协调网络环境下师生关系和利益的准则，既服务于师生，又对他们产生约束。随着新媒体的发展，各地教育主管部门和各高校把校园网络文化建设和管理纳入工作体系。各高校普遍明确了党委统一领导、分管领导直接负责、各有关部门分工协作的领导体制，形成了党政领导班子成员共同关心、各级职能部门相互支持、广大师生积极参与的工作格局。很多高校建立健全了校园网络舆情研判机制、应急处置机制、安全保护机制、网络监管机制等。这些制度的推行在加强校园网络文化管理的同时，使师生的上网行为有了理论性规则。

三、精神层面的构成要素

精神层面包括建设目标、网络文化活动、网络文化产品、网络思政等精神层面的内容，以及在网络活动中呈现出来的价值取向、道德观念、审美情趣和社会心理等。在建设目标上，明确要以社会主义核心价值观为指导，围绕立德树人的根本任务，建设满足师生精神文化需求、促进校园团结和谐、倡导健康文明风尚、凝聚影响更多青年学生的具有校园特色的网络文化。在网络文化活动方面，网络技术的迅猛发展给充满求知欲的学生充分展现自我的机会，涌现出一批高校学生网络文化工作室，制作大量适合新兴媒体传播的网络应用和优秀作品。校园网络文化活动、网络创新创业活动蓬勃发展，校园网络文化产品层出不穷，增强校园网络文化的吸引力。在网络思想政治教育方面，各高校积极把思想政治教育工作融入网络中，进一步整合教育教学资源，网络课程、业务系统建设日趋完善，实现教务管理、学生事务管理的网络化；网络舆情可管可控，主流思想舆论通过网络得到广泛传播；网络思想政治教育的方式方法不断创新，建设大量教师博客、官方微博及微信公共账号，思想教育融入学生的日常网络生活，网络文化的育人覆盖面和社会服务面扩大；教师网络思想政治教育能力逐步提升，网络思政考核激励机制正在逐步形成，从实践到理论都取得一系列成果。

第三节　高校校园网络文化建设的具体措施

校园网络文化建设应该把握的重点是提升队伍运用网络开展工作的能力、提升优秀网络文化产品的供给能力、加强高校学生网络文化工作室建设、实施高校学生在线引领工程和易班推广计划。

一、提升队伍运用网络开展工作的能力

面对互联网的挑战，提升高校思想政治教育队伍运用网络开展工作的能力显得尤为迫切。

第一，强化互联网思维。互联网思维最重要的是用户至上的思维。成功的互联网企业，都把用户放在最重要的位置。互联网不仅是发布平台和聚合手段的不同，更是思维方式的不同，要注重用户体验，满足多样化、个性化需求。过去思想政治教育工作通常以教育者为中心，使思想教育效果大打折扣。互联网思维要求创新工作理念，把教育对象放在中心，真正提供他们想看、想听的东西。例如，许多高校在建设易班的过程中，根据学生需求，在易班上开发校园应用程序，为学生提供一站式校园生活服务，进而吸引青年学生，这就是以学生需求为中心开展工作。

第二，掌握互联网传播技巧。互联网传播的关键是内容为王，讲道理的最好方式是讲故事。高校思想政治教育工作者既要站在天安门城楼上想问题，又要深入田间地头找灵感，还要用浅显易懂的方式讲故事。例如，进行爱校教育，各高校推出高校版《南山南》、高校版《成都》等歌曲，学生的创作、转发、传唱本身就是爱校的生动体现。校园网络文化建设需要把大道理变成小故事，用集文字、声音、图画、影视、动画等多种信息于一体的传播方式，使道理变得生动有趣、易于接受。

第三，电视、广播的数字化、网络化使其焕发新的活力，坚持深度报道、专题报道的转型方向，确立内容优势，与新媒体实现融合发展、错位发展。在传统新闻网的基础上，要重点打造以微博、微信、微视频和客户端为重点的"三微一端"新媒体平台，用新的传播媒介来推进理论武装和价值凝聚，传播感人故事，贴近师生心灵，进行内容的多渠道、多媒体、多平台发布，赢得信任感、增强吸引力、强化依赖感，形成更大的舆论覆盖面和更强的宣传影响力。

第四，提升应对网络舆情的能力。通常情况下，高校网络舆情大多数是由校园突发事件所引起的，学生在网上发帖表达诉求，造成学生人心浮动，一旦处置不力或不及时引

导，极易破坏正常校园秩序。要掌握应对网络舆情的工作方法，发现舆情要准确预警，做到早发现、早行动、早解决，不给舆情发酵的时间和空间；危机事件爆发后，要从事件发生、发展、高潮、结束的全过程对舆情走向和动态进行实时监测，做到知己知彼，有针对性地制定处置策略；要对网上流传的信息进行事实调查，并及时对调查结果进行通报，还原事件真相，化解学生、公众因真相缺失产生的焦虑、不满和恐慌情绪；要与网友真诚沟通，及时回应，赢得公众的理解和信任，提高学校公信度；还要善于借助媒体平台，培养意见领袖，强化引导能力。辅导员应该成为学生舆情动态的第一发现人，及时引导思想和化解矛盾。

二、提升优秀网络文化产品的供给能力

第一，创新网络文化产品的表现形式和载体。高校校园网络文化产品，是指网络新媒体时代出现的由高校师生共同创造的一种立足校园生活、承载文化价值的科技产品，是校园文化与互联网技术融合发展的衍生品。包括数字文化产品和与互联网有关的实体文化产品两大类。数字文化产品是指利用微博、微信、腾讯 QQ 等在线传播的文字、视频、音频、图片等开发的应用、游戏等。与互联网有关的实体文化产品是指由线上设计、线下开发的承载着校园文化的相关实物，如带有校园文化烙印的公仔、明信片、笔记本、U 盘、手提袋、鼠标垫、水杯、文具等。高校师生是校园网络文化产品的主要创作者和传播者，也是校园网络文化产品的主要消费者。"高校网络文化建设就是要通过培育建设、创新创作出优秀的校园网络文化品牌和产品，唱响网上舆论主旋律，营造积极健康的网络文化氛围，促进先进文化繁荣发展。"①

高校校园网络文化产品的创作要能够满足高校学生的实用需求和精神需求，体现更多的文化性、情感性、故事性、创新性和育人性的原则，围绕师生网络文化需求，构建催生网络文化产品的良性机制，激励师生创作更多具有引导力、吸引力、传播力的优秀网络文化产品。

第二，策划组织线上线下互动的网络文化活动。结合学生心理认知特点和思想引领的需要，组织策划兼具思想性与趣味性，深受学生喜爱的，参与度高、影响力大的校园网络文化活动。校园网络文化活动的策划要围绕立德树人的根本，服务高校学生成长成才；要做好线上线下互动，扩大活动影响面，提升活动实效性；要精心策划，切合青年心理，赢得青年学生欢迎。

---

① 冯刚．新形势下推动高校网络文化建设的思考与实践［J］．思想教育研究，2015（8）：4.

三、加强高校学生网络文化工作室建设

落实立德树人根本任务，网络是重要阵地，激发调动高校学生参与校园网络文化建设的积极性和主动性是关键环节。高校学生网络文化工作室为高校学生参与校园网络文化建设提供了有效载体和平台，创新高校学生参与校园网络文化建设的途径和方式。通过搭建校园网络文化工作室，能够激发学生创新能力，搭建依托网络的校内实践平台，为学生重新建构知识体系、提升思想素质和动手能力提供平台。

高校学生网络文化工作室建设要注重遴选、培育、成果、保障、考核五个环节。高校学生网络文化工作室建设要严格遴选标准，遴选的工作室要政治方向正确，有利于提升师生网络文明素养，有利于宣传社会主义核心价值观，有利于传递青春正能量，有利于发挥高校学生主体作用，激发高校学生创新精神；要注重培育扶持，弘扬网上思想文化主旋律，按照"学校组织、工作室搭台、师生唱戏"的模式，聚焦师生需求，围绕网络主题教育、网络调查研究、网络信息服务、网络产品研发和网络技术服务、网络安全防控、网络应用等内容，明确主攻方向，凝练特色，力求在校园网络文化建设关键领域、关键环节以及亟待解决的问题上取得突破。

要注重成果生产和推广，可定期举行高校学生网络文化成果遴选、推选、展示活动，征集学生原创的优秀网文、电影、动漫、网络公众平台等网络文化成果，及时推广优秀的网络文化成果；健全保障机制，出台配套政策，搭建工作平台，在政策、指导教师、空间、经费等方面给予支持，形成高校学生网络文化工作室培育建设的长效机制，调动教师参与高校学生网络文化工作室建设的积极性，鼓励学术大师、教学名师、优秀导师以及辅导员、班主任积极参与到高校学生网络文化工作室的建设中来，力争为高校学生网络文化工作室配备专业指导教师，并将专业教师参与网络文化建设计入教学科研工作量或纳入社会服务范畴；强化评估考核，切实激发高校学生参与校园网络文化建设的内生动力。

高校学生网络文化工作室建设要坚持技术先进性与内容先进性相结合，一方面要紧跟网络技术发展趋势，多应用现代传媒新手段、新方法；另一方面要特别注重内容建设，力求贴近实际、贴近生活。高校学生网络文化工作室建设的最终目的是逐步找到遵循教育规律和用网规律的结合点，找到兼具安全性和教育性的结合点，把高校学生吸引到既可管可控又发挥高校学生主体作用的平台上，为占领好、运用好网络这个重要阵地以及繁荣校园网络文化探索出一条新路子。

四、实施高校学生在线引领工程和易班推广计划

推动建设高校学生在线引领工程项目，结合教育信息化建设，推动技术、服务升级，

整合高校网络信息、思想政治理论课程和思想政治工作资源，把高校学生在线打造成覆盖面宽、影响力大、引领性强的高水平综合性高校学生主题教育网站。

易班建设要坚持理念创新、机制创新、方法创新。理念上，要通过教育教学、生活服务、文化娱乐等多种形式，吸引青年学生，提升用户认同度和喜爱度；要凸显学生主体地位，注重共建共享，调动学生主动参与易班建设的积极性；要加强队伍建设，整合教育教学资源，发挥教师主导作用；紧跟技术进步，不断创新开发应用产品，满足学生网络阅读需求。机制上，要健全学校建设管理机制，成立领导机构，落实牵头单位和协作部门，从经费、队伍、硬件、政策上予以保障，要制定评估考核办法，构建校院班三级建设机制。方法上，要实现由单向灌输向互动引导教育方法的转变，由封闭式向开放式教育的转变，由传统向现代的教育手段和途径的转变。

第四节　新媒体时代高校校园网络文化的重塑

近年来，新媒体成为一个热词，受到人们的关注。新媒体作为一种基于各种网络媒体而衍生出来的新型媒体形式，既有着其他网络媒体的优势，也有着自己独有的特点。随着微信、腾讯QQ、微博等社交媒体的不断发展，新媒体势必成为未来世界发展重要的推动力之一，极大地改变人类的生活。下文从物质、制度、行为三方面来分析新媒体与高校网络文化建设的关系。

一、新媒体时代高校校园的网络物质文化

人们获取技术支持的途径发生改变，改变了人们对信息技术的依赖性。网络物质文化指的是由计算机和网络共同构成的一个互联网环境。新媒体的产生，使得人们对网络文化建设的信息基础也发生了改变。

第一，校园网络文化建设对互联网硬件依赖性变弱。没有新媒体之前，大部分高校的校园网络文化建设都是围绕着网站经营校园文化，所以需要配备很多的大型网站服务器和造价高的相关服务设备；新媒体产生后，越来越多的高校开始把文化建设的阵地转移到微信、微博、公众号上面，文化建设的平台也是从网站到公众号一步一步发生改变，平台越来越小，对大型互联网硬件的依赖性逐步减弱，人们甚至可以利用一部手机控制整个校园网络文化的建设与宣传。

第二，越来越依赖社会性技术支持。虽然新媒体平台让校园文化建设摆脱了对大型网络硬件的依赖性，但是提高了对社会技术的依赖性。用新媒体来经营校园网络文化，必须

和社会网络相挂钩，才能够使网络文化更好地传播出去，校园文化需要社会网络来造势，只依靠学校内部的网络中心是不够的，而是需要社会技术的支持，所以新媒体的产生，使得校园网络文化与社会技术挂钩。

第三，提供网络信息服务的平台越来越多。在以前的互联网时代，学生想要获得网络服务，必须接入宽带和服务终端设备，还要缴纳各种各样的网费，所以给学生享受网络服务带来了一定的阻碍。但随着新媒体的产生、发展，手机的不断普及，网络宽带的不断升级，人们可以随时随地享受网络服务，为学生获取各种信息资源提供了良好的服务环境。

二、新媒体时代高校校园的网络制度文化

网络制度文化即网络环境中的各种制度和约定。网络制度文化可以更好地保障人们的网络使用和网络服务。传统的校园网络制度文化的建设有两方面：一方面是校外，学校在经营校园网络制度文化时，要严格遵守国家的法律制度及相关网络部门的规定，使校园网络文化建设始终在国家法律的范围内运营，符合制度规范。另一方面是校内的各种规章制度。为了使学生和教师能够规范地使用网络服务和校园文化建设，学校制定一系列的网络文化制度来保障网络使用行为。新媒体的产生使得每个人都可以成为网络文化的建设者和传播者，所以网络环境会受到各种各样的不良影响。为了更好地保障网络文化环境的安全和健康，就需要利用各种网络文化制度进行规范，学校也要不断完善校园的网络文化制度。

三、新媒体时代高校校园的网络行为文化

网络行为指的是人们利用互联网所做的活动，如消费、娱乐、医疗等各种与人类生活息息相关的行为。新媒体的产生，使网络服务享受者的网络行为发生改变，也改变着网络建设者的行为。

第一，学生逐渐成为校园网络文化的建设者。新媒体的发展，让学校网络文化建设更加开放和自由，每一个学生都可以利用新媒体技术参加学校的网络文化建设，如现在校园里出现各种交友群、微信群、校园官微、校园贴吧等，都是学校学生和教师共同参与的校园文化传播平台，学生可以根据自己的需求利用新媒体来宣传和塑造各种各样的校园文化，影响着校园网络文化的建设。

第二，新媒体增加了学生与校园网络文化建设者的交流互动。新媒体网络是向所有学生和教师开放的，所以每个人都可以参加到网络文化的建设与交流之中。传统的校园网络文化建设者都有绝对的威严，学生的参与程度很低，新媒体的产生改变了这种情况，每个人都可以与校园网络文化建设者进行交流，表达自己的意见，如校园官微，是向所有学生

和教师免费开放的学校官方平台，每个学生都可以在官微里关注学校的发展动态，表达自己的想法，提高了学生与校园网络文化建设者的互动性。

第三，新媒体逐步渗透到学生的日常生活。新媒体使得学生可以更加方便享受网络服务，同时也把学生群体划分成很多圈子，每个圈子都有着特定的划分标准，如兴趣、年龄、种族等，让每一个学生根据自己的需求加入一定的社交网络圈子，让校园文化建设定位更加精准化、细分化。

新媒体作为一种新型的网络平台，它改变了人们的网络行为，提高了公众的网络参与度，也让高校的网络文化建设发生了巨大的改变。新媒体作为互联网技术在新时代的产物，势必在未来给人们的生活带来巨大的变化，推动人类社会不断发展。高校要重视新媒体的作用，运用新媒体技术更好地建设校园网络文化。

第五章
新媒体时代高校校园物质文化建设

第一节 高校校园物质文化及其建设原则

一、高校校园物质文化的体系

"高校校园物质文化建设是高校校园文化建设的重要组成部分，对大学生的成长成才起到潜移默化的引领示范作用。"[①] 校园文化中的物质文化建设，是校园文化建设的有形载体，凝聚了人类文化的物质存在形式，是高等学校在发展过程中积累下来的物化形式存在的总和。在校园文化建设中，物质文化建设既是推进校园文化建设的必要前提和条件，又是校园文化建设的重要途径和载体，其建设状况在一定程度上直接影响着校园文化的质量和整体水平。

校园物质文化是指学校物质环境总体所构成的一种文化。物质文化建设内容具体包括学校建筑文化的建设，如学校建筑的布局，各种建筑物的命名，校门、大型壁画、校史馆的设计与修建；学校绿化与美化，如学校绿化景点、学校雕塑的创作设计与修建；学校内部的陈设与布置，如学校教学楼、实验楼、图书馆等厅堂的陈设布置，教室、走廊的布置；学校传播设施，如学校标志的设计与制作，校园网、黑板报、橱窗、阅报栏、标语牌、广播、现代信息技术方面的设备设置等，如果这些学校的硬件都具备独特的风格和文化内涵，就能潜移默化地影响学校群体成员的观念与行为，对学生身心的健康发展、知识技能的掌握，世界观、人生观和价值观的培养以及创造性、主体性的养成等，都会产生直接或间接的作用。

校园物质文化的每一个实体，以及各实体之间结构的关系，无不反映了学校的教育价值观。完善的设施、合理的布局、各具特色的建筑和场所，将使人心旷神怡、赏心悦目，有助于陶冶校园人的情操，塑造校园人的美好心灵，激发校园人开拓进取的精神，约束校

---

①闫克信，赵倩倩．高校校园物质文化建设路径探究［J］．边疆经济与文化，2021（11）：90.

园人的不良风气和行为，促进校园人的身心健康发展。

校园物质文化是校园文化建设的一部分，是当代学校教育的必然产物，在培养人才的过程中所呈现出的教育功能、示范功能、凝聚功能、创造功能、熏陶功能等，为当代学生形成良好的心理品格与正确的价值观念奠定坚实的基础。

在校园文化建设中，精神文化是目的，物质文化是实现目的的途径和载体，是推进学校文化建设的必要前提；物质文化建设是校园文化建设的重要组成部分和支撑。校园物质文化的每一个实体，以及各实体之间结构的关系，无不反映了某一种教育价值观。

（一）高校校园物质文化的意义

近些年来，各级各类学校都投入大量的人力、物力、财力，加强了校园环境的绿化美化和设施建设，校园的环境建设有了很大的改观。特别是高校的新校区建设很多，在高校扩招的同时，为适应新的人才培养目标的要求，高校的固定资产也在成倍增加。学校已经充分认识到了校园环境文化的创建对学生的健康成长有着其独特的、潜移默化的、深刻有力的影响。

第一，重视校园环境文化建设是学校发展的需要。①校园环境文化逐渐丧失其作为独立于大众流行文化的精英文化所独具的鲜明个性和特质，受社会上商品化、通俗化文化的消极影响，高雅的校园环境文化出现了表层性、世俗性倾向。②随着群体意识的弱化、个性意识的增强和物态文化的影响，出现了理想追求的淡化和价值观念的转变。所有这些现状，都不利于学校的发展和声誉的提高。

第二，校园环境文化是学校思想教育的重要阵地。校园环境文化具有特殊而多样化的育人功能。如果教师和学生是教育教学活动的主角，那么学校校园环境文化好比是他们活动的舞台，缺少这个舞台，师生的活动就失去了依托，并将直接影响教育教学活动的进程和效果。

校园环境文化在学校思想教育中表现出四种功能：①凝聚功能。学校环境文化建设的核心是树立群体的共同价值观，通过它的影响力在青年学生中形成一种无形的向心力和凝聚力，把青年学生行为系于一个共同的理想信念和价值追求之上，陶冶健康向上的审美情趣和文化品格。②激励功能。不同的校园环境文化会将教育教学活动导向不同的境界和水平，产生不同的育人效果。良好的校园环境文化，必然会深刻地影响师生的内心，激发师生的工作和学习热情，比起千遍万遍的说教，教育效果自然事半功倍。③熏陶功能。学校按照审美的要求更加强调校园环境文化建设，这对学生的审美理想、审美趣味和审美观念的形成具有无形的熏陶、感染和潜移默化的作用。④益智功能。校园环境文化对学生的智能发展具有促进作用。一般而言，丰富良好的环境刺激，可以促进智力发展，还能激发学生积极的情感，并以此来促进智能的提高，特别是学习兴趣的提高。以上功能的发挥表明，学校校园环境文化是学校积极开展思想教育的极好阵地，必须加强重视和强化建设。

第三，创设校园环境文化是实施素质教育的舞台。实施素质教育是一项复杂的社会系统工程，而学校是实施素质教育的主阵地。在这块主阵地中，创设校园环境文化是实施素质教育的极好舞台。学校要全面贯彻实施素质教育，除了各级各部门共同创造一个良好的社会大环境之外，同时也需要营造学校这个小阵地。学校在实施素质教育时，校园环境文化是不可缺少的方面。因为，校园环境文化阵地可以培养学生的合作竞争能力，以及创造性思维和创新精神，可以培养学生的艺术才华，增强学生的集体主义精神的实践能力，使学生置身于一种自我教育、自我提高的境地，在一种愉快教育、情境教育、和谐教育的氛围中健康地成长。

总而言之，完善的校园设施将为师生员工开展丰富多彩的寓教于文、寓教于乐的教育活动提供重要阵地，使师生员工教有其所、学有其所、乐有其所，在求知、求美、求乐中受到潜移默化的启迪和教育。完善的设施、合理的布局、各具特色的建筑和场所，将使人心旷神怡、赏心悦目，有助于陶冶校园人的情操，塑造校园人的美好心灵，激发校园人的开拓进取精神，约束校园人的不良风气和行为，将促进校园人的身心健康发展。这种能让大学生才华得到升华、能力得到培养、思维得到发展的校园环境文化创设实践活动，正是实施素质教育所需要的内容，高校应该也必须重视对校园物质文化这块阵地的建设。

（二）高校校园物质文化的特征

合理的高校基础设施建设处处流露着学校的办学理念和文化精神，是高校物质文化的主要内容。所以，各高校在基础设施建设上极力加大投入力度，精心设计，详细规划学校的各项基础设施的布局和建筑风格等，力争在实现校园基础设施建设和校园内师生精神互动的同时，给全体师生以潜移默化的文化熏陶。

1. 学校建筑特征

学校建筑是进行教育活动的基本场所，也是学校基本的物质条件。根据承担的教学活动内容的不同，学校建筑分为三要件，即教学要件、生活要件、活动要件。

学校建筑中的教学要件一般有教学楼、办公楼、实验楼、图书室、微机室、语音室等。随着科技的发展、计算机功能的增多、旧专业的调整、新专业的开设以及素质教育的推进，教学场所有所增加，尤其是实验楼、微机室等的建设，成了很多高校建设的当务之急。学校建筑中的生活要件一般有宿舍、食堂、洗衣房、医院、百货店等。这些是学校教育活动重要的辅助和保障条件，其中学生公寓标准化建设体现了对学生生活的高度关注，营造温馨和谐的宿舍文化是校园文化建设十分重要的组成部分。让同学们在"家"的环境里，学会协作、思考和创新，通过不同的侧面展现他们在日常生活、学习、卫生等方面的良好表现，倡导构建和谐进取的宿舍环境，提高了整个公寓的文学水平。积极向上、文明和谐的宿舍文化正潜移默化地对高校学生的素质养成产生重要影响。学校建筑中的活动要件一般有体育场馆、报告厅、影剧院、歌舞厅、广播电视站、花草道路、亭榭园林、山水风景等，是让师生心情愉悦、陶冶性灵、修养品格、提高教学效率的重要条件。活动要件的教育功效具有潜隐性，不像教学要件和生活要件那样立竿见影。

随着教育大众化时代的到来，教育规模急剧扩大，但办学经费紧张、土地资源有限制约了校区扩张，所以大部分校区学校建筑中的教学、生活、活动场所普遍紧张。但是对于学校建筑而言，不仅需要足够的空间，而且建筑风格要有审美特性。例如，有些学校新建校区占地很大，但是疏于规划，建筑布局缺乏创意，缺乏审美意蕴，毫无情趣可言，这样的学校建筑就不能很好地承担起校园文化建设的重任，对学生个性及综合素质的培养也就无从谈起了。

2. 教学设施特征

图书资料收藏是高校教育设备的首要条件。购藏图书资料，数量要达到一定规模，保证师生阅读和检索的需要，图书资料的质量和规模是一所学校文化底蕴的一种体现形式，这是高校校园文化建设过程中值得高度关注的问题之一。针对合理建构高校学生知识文化体系的教育职能和未来社会所需要人才的素质要求，图书资料建设一定要紧紧围绕优化高校学生知识结构这一育人目标，既要包括自然科学类、人文社科类、综合学科类图书等全面类型，主要在突出学术性的同时兼顾通俗性、应用性。置办图书资料，还要注意反映最新成果，保障教师的教学科研最接近理论前沿，让学生的学习和成长与时代同步。此外，通过中外文光盘检索系统和包括全文数据库在内的中外文检索系统的电子期刊数据库，宽带光缆接入大型数字图书馆，可增加检索图书资源量。

高校校园设施中的教学、实验仪器和办公设备也是不可不提的一个重要方面。加强学生的动手能力，强化学生职业素质，培养素质型人才，必要的实验仪器尤显重要。如果学校实验仪器陈旧、落后，与加强素质教育的校园文化建设的要求是不相适应的。随着高科技和电子时代的到来，许多新的实验仪器更加精密准确，应该在教学中尽快推广使用，使学生跟上科技发展的步伐。在教学中已被广泛使用的多媒体教学设备，能够利用音像综合效果大大提高学生的学习兴趣，能够突出教学的重点，吸引学生的注意力，如多媒体教学代表着现代教育教学技术的发展方向，应继续加快普及。办公设备是指教师和管理者在进行教学、科研和管理活动时使用到的设备，诸如办公自动化设备传真机、打印机、复印机、扫描仪等。

体育设施建设在高校校园建设中的重要地位。学校体育是教育的重要组成部分，它与德育、智育、美育共同促进学生的全面发展和健康成长，因此，形成高校学生健康体育、终身体育的观念十分重要。发展教育，振兴体育，充分发挥体育在学校体育中的作用以适应社会发展和素质教育需要，这也关系到国家的未来，关系到我国建成体育强国这一宏伟目标的实现。学校体育是构成全面性和终身性体育的重要环节，而校园广大师生也是校园体育文化的主体，体育设施建设是搞好体育教学、训练、竞赛，提高教学质量，丰富校园业余文化的前提，是搞好各项体育工作的保障。文体设备是学校为学生在校期间提供的休闲娱乐或者运动的各类文体设施，如文娱设施有学生广播站、电视台、宣传栏、校刊等，体育设施有田径场、球场、游泳池、体育器材等。这些设备涉及高校校园文化建设中的文艺、体育、精神等多个层面，是传播时代精神、宣传校园主流文化、宣扬学校管理理念的重要渠道。建立现代化的、完善的文体设备，对于建设积极向上、勇于拼搏、健康文明的校园文化，对于丰富全体师生的课余文化生活，有着重要意义。

3. 物质形态特征

高校物质文化是高校精神文化建设的成果和物质体现，也是高校精神文明的外在表现和物质基础。高校文化一方面体现在办学理念、办学方向、意识形态上，另一方面体现在学校的物质建设上。中国古代文化堪称世界一流，不仅包括儒家思想、道家思想、法家思想，以及文学、音乐、舞蹈等精神文化，而且包括"四大发明"、长城、故宫等物质文化。

高校物质文化建设应体现在校园建设、学科建设、教学科研设备建设、教师住房建设等方面。学校领导在高校建设和发展中，应高度重视物质文化建设，这是稳定教师队伍，建立良好的办学条件，确保教育质量提高的必要措施。在精神文化指导下推动物质文化建设，而物质文化发展又反过来促进精神文化建设，二者是相辅相成，互为因果的。高校物质文化建设为教育发展、提高教学质量打下了坚实的基础。

现代高校校园物质文化是校园文化的空间物质形态，是现代高校校园制度文化、行为文化、精神文化的物质基础，也是现代高校综合实力的一个重要标志。现代高校校园物质文化所包含的方面，即环境文化、设施文化、治学积淀及队伍文化，都有其独特的育人意蕴。因此，一所高校要持续提高办学水平，不断增强自身的竞争力，必须加强校园物质文化建设，充分发挥其育人功能。现代科学证明，人的心理是受客观环境制约和影响的，高校校园物质文化所蕴含的价值取向总是以不同方式直接或间接地影响师生的心理倾向和心理状态。因此，我们绝不能简单地仅从有形实体的角度去理解校园物质文化，而应从育人理念的视角去发现校园物质文化的育人意蕴。

（1）高校校园环境文化的育人意蕴。高校校园环境文化作为校园物质文化的重要组成部分，它润物无声地影响着学校师生员工对生活的理念、对教育的希望和对自己存在的理解，具有潜在而深厚的育人意蕴。一是思想政治教育意蕴。高校校园内的每一处真正的物质文化均蕴含有一定的道德追求、道德规范，能对师生产生巨大的道德潜化作用，提高他们的思想政治素质，增强艺术审美情趣。学生通过感性直觉把握校园物质文化的本质内涵，从而与校园物质文化建立一种非功利的精神呼应关系，得到一种精神满足和愉悦，使自身的道德素质得到提高。二是学生知识形成的意蕴。高校校园环境文化是一种特殊的物质文化，它积淀着一个学校乃至一个国家的历史传统、文化特点和社会流变的价值。它能够使学生通过对校园环境文化的解读，提高自己的社会智力，拓宽自己的知识面，增强适应飞速发展的社会的能力。三是审美教育的意蕴。高校校园环境文化体现出一个高校的艺术创造力、不同时代的审美趣味和审美追求，给高校生以文明审美的熏陶。四是学生心理素质的意蕴。轻松、愉快、欢乐的高校校园环境文化，可以激发起高校生的情感活动，产生愉悦的情感，有助于学生身心健康成长，培养学生丰富而健康的情感。

（2）高校校园设施文化的育人意蕴。在现代高校校园里，教育媒介主要是指图书馆、实验室和校园网等设施，它不仅是当前高校校园里从事高深学问的教学活动基础，也是开展科学研究工作、发展科学事业的重要条件。现代化的图书馆、实验室和校园网等，是一所现代化高校的物质基础。现代高校校园图书馆的基本功能是收集、整理、利用和保存文化。实验室或实践基地既是高等学校培养适应社会所需要的高级专门人才的重要基地，也是高等学校开展科学研究活动的重要基地。现代化的校园网是现代高校校园物质文化设施中的重点和亮点，发挥着越来越重要的作用。它满足了教学科研和办公手段现代化的需要，更重要的是满足了师生汲取知识的需要。

（3）高校校园治学积淀及队伍文化的育人意蕴。治学严谨的育人传统、积淀深厚的高水平的课程和学科专业，是高校存在和发展的组织基础，是一个学校要在激烈竞争中立于不败之地必须秉承而不可忽视的重要方面。治学严谨的育人传统是一个校园影响最大的非实体物质文化，是高校之所以"大"的重要无形物质财富。一支具有人格魅力、学术造诣、善于育人的教师队伍是育人的关键因素。教师在教育教学过程中的主导作用，表现为在传授高深学问的同时，以其人格魅力和治学态度给学生以深刻的影响，指导帮助学生把外在文化内化为自己的综合素质，使学生成为具有主体精神和创造力的人。

因此，一所高校要持续提高办学水平，必须在搞好校园精神文化建设的同时，加强现代意义上的校园物质文化建设，营造一种特殊的文化氛围，充分发挥其育人意蕴。高校校园物质文化的建设，应以高校文化内涵的内容为主体，以学校性质为依托，充分利用学校场地的特质，彰显学校历史发展过程中的文化积淀，并且对其进行归纳、提炼和升华，将其融合到物质文化的各个要素中，以达到发挥物质文化育人意蕴的目的。

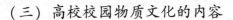

（三）高校校园物质文化的内容

高校校园物质文化是高校文化的空间物质形态，是高校精神文化的物质载体。学校物质文化有两种主要表现形式：①学校环境文化，包括学校的总体结构和布局、校园绿化和美化、具有教育含义的教育和教学场所以及校园环境卫生等；②设施文化，包括教学仪器、图书、实验设备、办公设备和后勤保障设施等。

高校校园物质文化是高校文化的有形部分，指高校内看得见、摸得着的物化的文化形态，是学校文化的"外壳"，奠定学校文化存在和发展的物质基础；同时，又是高校文化"内核"的载体，体现着一定的价值目标、审美意向等，是富有教育内涵的人文环境。学校物质文化是学校内人的对象化活动的结果，一方面，人是物质文化的创造者、改造者，使自己所处的物质环境打上种种思想观念的烙印；另一方面，人又是物质文化的受用者，让自己在特定的物质环境中得以陶冶和熏染。因此，从某种意义上而言，学校物质文化是学校成员智慧、力量、集体感的象征，可以使青少年学生在不知不觉中自然而然地受到熏染、启发，从而实现学校文化的育人功能。

具体而言，高校物质文化主要是通过校园环境的创设而发挥它的育人效应的。校园环境是高校学生成长、发展的微观环境，也是学校教育、教学活动能够顺利开展的重要条件。校园环境就是围绕在学校成员周围一切事物的总和，换言之，是学校所有外界力量对高校学生作用的总和。高校环境由学校物质环境和心理环境两部分构成。前者指能够使学校教育、教学活动得以顺利进行，或者得以深化和发展教育影响的外部条件，例如，学校地理位置、学校建筑、学校布局、学校绿化等；后者指为实现教育目标，完成学校管理职能，提高学校教育、教学管理工作效率的内部条件，包括个人心理环境和社会心理环境等。物质环境是高校文化的载体，也是心理环境发挥作用的基础；心理环境是学校文化的核心内容，是学校师生积淀于内心的观念形态的环境，是高校学生个性化和社会化的培养基地。这两种环境之间相互作用、相互影响，从而构成一个完整的学校环境。我们在此所论及的高校物质文化的学校环境，是指高校物质环境文化，它主要包括以下内容：

1. 学校的地理环境

学校地理环境的优与劣，是学校物质环境好坏的一个重要方面。因此，在学校物质环境的诸因素中，校址的选择是一个重要的环节。古今中外的教育家都十分重视教育环境的选择，也十分重视以自然山水陶冶弟子的情操，与此相应，形成了重视学校环境美的传统。在西方，欧洲古老的高校也十分重视学校地理环境的选择，与中国高校建设是相通的。近年来，随着我国各大城市的急速发展扩大，以往高校的地理位置有很多都成为闹市区，不适合高校学生成长。部分学校开始在城市周边建立高校城，这些高校城既可以让学生的生活远离城区的喧闹，又可以形成自己的发展空间，建造一个更适合高校学生成长的物质文化空间。

2. 校园的建设规划

在学校物质环境文化的建设中，学校选址固然是很重要的一环，但学校内部的统一规划和布局更为重要，是建设良好的物质环境的重要步骤和措施。学校内部规划、布局是一项系统工程，既反映学校的整体风貌，又要考虑到教学生活的便利；既有利于学校的统一管理，又要使各个部分相互协调，发挥其最大效用，而这一切又都必须体现出环境育人的宗旨。因此，学校内部的规划与布局要遵循一定的规律，在总体设计上要符合"使用方便、流向合理、减少拥挤、避免干扰、节约时间、提高效率"的原则。具体而言，校园规划、布局要创造以下良好的校园环境：治学严谨的学习环境；生动活泼的文化环境；清洁卫生的生活环境；幽静宜人的自然环境。

总而言之，在进行学校建筑的设计时应体现以下原则：①尊重历史，重视文脉；②注意校园建筑的整体和谐；③材料朴实，功能合理。

3. 校园的绿化布置

优美的校园环境，能给人以美的享受。校园树木葱茏，红花绿叶，草坪如茵，整洁卫生，空气清新，舒适幽雅，对于青少年学生而言，可以起到安定情绪、启迪思想、陶冶情操、净化心灵的作用。

校园绿化和园林景物布置是学校总体规划的重要组成部分，在设计总体规划布局时，就应该一起考虑，同时设计，同时施工。建筑物是否具有美感，与景点、园林、绿化的衬托密切相关，从而直接影响到整个校园的美感。各类学校都有自己的特点，绿化、景观等应结合当地实际，反映本地区的特点。但基本要求是讲究协调平衡与变化多样的统一。还要讲究点、线、面的结合，点要幽雅，线要整齐，面要宽敞开朗。

校园净化主要是指清除垃圾杂物，减轻噪声，做好环境卫生工作，使校园整齐、清洁、安静，促进师生的学习和工作。

4. 校园的人文景观

学校物质环境建设最根本的目的就是寓情于环境之中，寓教育于景物之中。在物质环境建设中固然要着眼于自然、物质，学校则要求必须赋予自然、物质以及人文因素，亦即教育的期望和意图。特别要注意利用和创设一些校园人文景观，强化学校文化的教育作用，这方面的内容主要体现在：充分利用学校已有的人文景观挖掘其独特的教育作用。积极创设学校人文景观，赋予其深刻的教育意义。巧借自然之物，实现教育之目的。

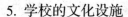

5. 学校的文化设施

学校物质文化建设，不仅要注重校园物质环境的改造和创新，还应重视各文化设施的建立与健全。文化设施是任何文化都不可缺少的组成部分，是文化传播的物质载体，对学校师生员工思想观念、行为的形成同样起着不可估量的作用。学生不仅在课堂上，从书本中接受着对他们产生影响的教育信息，还在课堂以外的其他多种活动中，从各种传播媒介中接受了许多对他们具有教育意义的信息。学校文化传播设施既包括电视、广播、报纸杂志等传播工具，也包括图书馆、演讲厅、思想论坛、各种沙龙、外语世界等活动场所。

学校物质文化的内容非常广泛，并且各自具有不同的作用。优良的学校物质文化氛围，既是情感的升华剂，又是无形的约束力，对身在其中的高校学生身心健康发展产生巨大的影响作用。

二、高校校园物质文化的建设原则

高校校园环境建设不仅是各高校得以建立和存在的物质基础，还是高校校园文化建设的物质基础，是高校校园文化得以正常开展的物质前提。校园环境建设包括校园外部环境建设和校园内部环境建设两个层面。校园外部环境首要的问题是校址的选择，这要充分考虑一所学校的地理位置和区域环境。校园外部环境建设第二个问题便是对校园附近环境的建设和治理。校园开放性的特点日益显著，学生更是以开放的心态对周边环境和校园外不同文化乃至更广泛意义上的社会文化充满好奇。

（一）外部物质文化建设原则

现代教育是社会性的教育，学校对学生的教育只是其中的一部分，校外教育环境对学生也有较大的影响，因此，校外教育环境好与差就显得相当重要。

校园外部环境中的远环境在宏观上讲包括教育体制、政策指引、政府支持、卫生与安全等，具体到对学校所在城市的考察衡量，包括一所学校所在城市政治、经济、文化的背景。经济活动愈活跃，信息传递手段愈先进和便捷，就愈适宜对高校学生生活产生更为直接和广泛的时代影响；城市所处的地域其历史文化愈久远、愈深厚，可以为一所学校提供愈加厚重和坚固的文化根基，也就对学校的文化影响愈加深远。

高等教育事业关系到国家经济发展的百年大计，其外部物质文化建设涉及高校理念、城市规划、环境行为学、社会行为学、经济学等诸多学科。综合而言，高校校园外部物质文化的建设者应遵守以下基本原则：

第一，前瞻性原则。高等教育是特色学科不断发展、优良传统不断光大、校园文化长期积淀、物质条件不断积累的过程。高等教育事业是一项久远的事业，高校校园选址规划要有战略眼光，校园外部物质文化建设不仅要满足当代发展的需要，还要为未来发展留有余地，为学校的可持续发展创造条件，奠定好基础。

第二，科学性原则。校园外部物质文化的建设要求从科学的角度来进行，校园外部要有四通八达的交通网络，还要有足够满足学生需求的活动场所，同时还要建设一些师生休闲的设施。高校外部物质文化建设，经济实力是基础之一，既要面向未来又要立足现实；既要着眼长远，规划建设一个科学、合理的具有生长性的校园，又要立足目前的经济承受能力。

第三，人文性原则。高校校园不是工厂和政府机关，高等学校是一个教育机构，教育是文化的社会遗传和再生机制，教育起源于文化，是一种文化现象。因此，从社会学的角度讲，高等教育应定位于文化领域，校园外部物质文化建设要追求其人文氛围。从"环境"的角度而言，校园选址要与环境相协调。周边的自然环境和人文环境同等重要，离开了好的周边环境，绝不会有一流的高校。

第四，为教学和学习服务的原则。随着时代的发展，尽管高等教育从社会的边缘走向了社会的中心，但外部物质文化建设不应脱离和违背为高校师生服务这一原则。在郊区办学，一方面能创造一个安静的办学环境，使师生免受干扰；另一方面远离浮躁的社会，有利于师生深居简出，潜心钻研学问。

（二）内部物质文化建设原则

随着经济和社会的发展，我国高等教育事业步入一个新阶段，高校校园建设也相应进入一个加速发展的时期。新的设计和规划理念给校园带来新的变化，对校园内部空间环境也产生深刻影响。同时，对校园内部空间环境与使用者行为之间关系研究的不足，以及设计建设周期过短等因素对当代新建高校校园的内部空间环境品质提升产生了负面影响。高校校园外部空间环境不但承担着使用者的各类日常行为功能，也对学生的学习、成长起着非常重要的作用。

高校校园是师生工作、学习的场所，建设舒适幽雅、空气清新的校园，可达到安定情绪、启迪思想、陶冶情操的目的。学校建筑负有教育的使命，它可以有多种艺术形式，象征某种精神和思想，在一定程度上可以陶冶身心，涵养性格。学校建筑的主要目的就是要使得思想的交流成为可能，使得人与人之间的交流以及建筑与人之间的交流成为可能。校园建筑可以依据人们存在的活动模式，将相关的人群安排在适当的地方，从而实现不同学科之间和人员之间的交流。同时，当人们在校园中行进时，校园建筑还可以促进人与人进行信息的交流。在加强高校校园内物质文化建设时，必须遵循以下原则：

第一，科学合理原则。一所高校的建设和发展必须有规划，高校校园物质文化建设规划是高校建设发展总体规划的重要组成部分。高校校园物质文化建设必须根据高校的类别、环境、财力等不同情况，制订具有学校特色、专业个性而又切实可行的规划，这是校园物质文化建设取得成功的关键。高校校园物质文化建设应充分体现规划的先导性、延续性、合理性和科学性，通过规划设计使校园的功能分区、单体造型、群体组合和立体绿化实现专业化、现代化和配套化，使思想教育和文化教育寓于校园物质文化建设中，从而展现校园特有的审美情趣及其深厚的文化育人底蕴。

第二，人文关怀原则。高校校园是育人的场所，以人为本，加强人文关怀，不仅要体现在教育教学的各个环节中，也应该体现在环境设施上。高校校园不是一个纯粹的物质空间，更多的是高度人性化的环境空间，是高校中的人根据办学理念和价值追求，按照美的规律，创造出来的自然美与思想美和谐融合的"第二自然"，承载了丰富的人文因素、文化色彩和校园精神。高校校园建筑体现着高校人继承传统文化、追求现代文化的内涵和特色。甚至高校校园里的每一根雕栏、画柱也都可以作为文化符号，物化人的价值精神，体现人性化特点和教化育人的功能。因此，在高校校园物质文化建设中，要力求做到人格化，使学校时空充满育人的文化底蕴。

第三，实用有效原则。高校校园物质文化物质种类繁杂，不同类型的校园物质文化，具有不同的物质属性和用途。阅览室可用于读书，双杠可用于锻炼身体等。但高校校园物质文化建设必须从人本出发，考虑到育人的需要与功效。即使是壁画雕塑、建筑小品、音乐广场、小桥流水、绿树鲜花等校园物质文化，其作用也不仅是求得赏心悦目，而且是要通过这些艺术与自然景观对校园建筑的点缀，营造出一个轻快活泼、幽雅宁静的时空环境，从而为师生创造良好的教育条件，消除师生学习、工作的压力和身心的疲劳，使他们达到身心与学习、工作同步健康发展的和谐统一。

第四，凸显特色原则。不同高校校园物质文化虽有其共性，但更重要的是，高校校园物质文化必须凸显其个性特征，才能枝繁叶茂，更好地展现其育人意蕴。每个高校校园都存在已经形成或者已经被人接受的物质文化特色。一个高校教学科研的发展方向和水平，根据自身特点确立的独特的精神追求，都会在校园物质层面的文化载体上留下浓重的痕迹，从而对学生起到警策、呼唤、激励等作用，并进一步促使学生焕发出奋发进取的勃勃生机。这也是每所高校都力求通过校园物质文化塑造校规来形成自己校园风格的动力和目的。

总而言之，高校校园物质文化具有深厚的育人意蕴，须加强其建设。通过高校校园物质文化建设，达到培育出既符合社会发展需要又有特色和良好个性的高层次人才的目的，达到高校校园物质文化建设与育人意蕴的和谐统一，使高校校园物质文化建设能更好地为培养中国特色现代化建设者和接班人服务。

第二节 高校校园景观与图书馆的建设

一、高校校园景观的建设

校园是育人的环境，是培养学生健康体魄、丰富个性的空间，它应使受教育者感受到一种个性成长的需要和心灵成长的力量。在校园中，大到一座纪念性建筑，小到一个标示牌，都应该能与周围的事物相匹配，共同营造出一个优美的校园景观，从而满足学生生理及心理上的要求，使学生心地平和、情感端正，使其个性得到全面和谐的发展。

（一）校园景观建设的影响因素

校园景观作为学校的一个重要组成部分，每一个景观元素，以及各景观元素之间的关系，都反映出高校的教育理念、办学宗旨、精神价值和审美意识等。校园景观是校园文化的物质载体，校园景观所提供的信息、理念和环境构架体现出了多种文化知识的交织相融。

校园景观主要包括校园所处的自然环境、规划布局以及校园建筑、内外陈设、雕塑、绿化等。可以把校园景观分为校园自然景观和校园文化景观。校园自然景观是指校园内的自然风光、地形地貌；校园文化景观是指为弘扬校园精神、校园文化、校园风气等在校园自然景观之上叠加人类活动而形成的景观。校园景观的独特之处就在于校园是专门的育人场所，育人的意向性要求景观本身包含丰富的教育意义与教育价值。在不同的历史时期和社会阶段，高校景观文化建设受以下影响：

第一，受自然环境因素影响。对校园环境而言，除学术性是各个校园的共同点之外，各高校都十分注重形成自己的校园特色。在制约校园景观特色的诸多因素中，最重要的就是如何充分利用当地独有的自然条件，创造适宜的校园环境。

自然界中包含四种基本物质：木、水、岩石和土壤，它们在一起能够形成丰富多彩、变化万千的合成物。这些合成物体的种类是如此之多，以至难以用言语来形容。对景观设计师而言，复杂的自然条件是设计根基，无论做何种设计都必须考虑建筑及其环境、地形、方位、道路和植物之间的关系；同时，还必须注意气候强加给环境的诸多影响，以及土地、植被、水和建筑材料等彼此间的联系，只有这样才能创造一个自然与人相协调的校园环境景观。

第二，受人文因素影响。校园环境景观设计的根本目的是为人而用、为师生服务，这里的人文因素包括两方面：①校园环境景观的设计者；②校园环境景观的使用者。人文因素是对校园空间环境的塑造影响最大的方面。

高校是知识与文化传播的殿堂，文化背景对校园环境景观的影响是深远而又含蓄的，不同的文化背景总会在世界各高校校园的环境景观形态上留有痕迹。从中国古代传统的"礼制"到近代美国对"自由、民主"的崇尚，从新中国成立初期的"高、大、全"到当代的"开放、效率、集约"，在不同文化背景下形成的观念成为定位校园环境景观形态的参照，也为高校校园的景观设计定下了基调。

随着学校的自主权日益增大，校园规划设计具有更大的弹性。在校园环境景观设计中，既要充分考虑用地性质和景观结构变化，在景观设计上又要具备灵活性和可持续发展性。

（二）校园景观建设的主要作用

良好的校园景观和校园文化共同发挥着导向、约束、凝聚、激励、辐射等方面的功能，促使未来的栋梁之材启迪智慧、陶冶情操、净化心灵，养成良好的行为习惯，形成正确的世界观、人生观、价值观。

第一，指导引领作用。校园景观潜移默化地影响学生的心理、道德情操、审美感受力、审美鉴赏力和精神创造力。校园建筑的布局、造型、风格，以及校园环境的美化、绿化，在不忽视其实用功能的同时以可感的宜人形式给学生以直观的美感，发挥其愉悦身心、陶冶情操、净化心灵、激励向上的作用。而校园文化蕴含着的教育目的，也对学生起着直接或潜移默化的教育导向作用，它深刻地影响着每个学生的发展方向，特别是影响着学生的价值取向、思想品德、行为规范和生活方式的选择，具有滴水穿石的作用。

第二，熏陶塑造作用。校园景观作为师生员工长期生活于其中的、可知可感的、具体生动的一种微观社会环境，滋润其心田，浇铸其灵魂。同样，高校学生置身于校园文化环境中，特殊情境的熏陶，接受直接的思想道德教育，受到文化艺术和风气风尚的感染，得到先进典范的鼓舞，从而使他们启迪智慧，陶冶情操，净化心灵。

第三，凝聚整合作用。校园精神是校园文化的灵魂和核心，是一种师生员工所认同的价值观念和强大的精神力量，具有一种无形的、不可低估的凝聚力和向心力，主导着校园文化的发展方向，规定着校园文化的本质。校园精神一旦形成，就能强化师生员工的校园归属感、责任感和荣誉感，把师生员工紧密联结一起，凝成一股难以替代的巨大力量。校园景观使师生产生一种凝聚力及向心力，对学校产生归属感和认同感，以学校的生存和发展为己任，将自我的发展与学校的发展联系在一起，将学校视为自己的家园。优美的校园文化环境使人身居校园处处感到集体的温暖，同学之间团结友爱，互相鼓励，互相关心。

师生间，同学尊敬师长，教师热爱学生，这种氛围使人感到心情舒畅，产生一种令人振奋、催人奋进的力量，从而增强人心的凝聚力。

第四，调适激励作用。造型优美的建筑物、协调的装饰，与绿树、鲜花、丛林共同营造出校园景观，折射出学校的历史、传统和现代身姿，反映校园的独特风貌，不仅给师生员工带来了舒适愉悦的学习、工作和生活环境，又能使师生在紧张的工作、学习中调节情趣，消除了内心抑郁和身体疲劳，保持了高昂的情绪和奋进精神。富有知识性、趣味性的文化活动，有利于改变校园文化生活枯燥无味的状态，调节师生的紧张情绪，消除精神疲劳和陶冶心性，有利于他们身心发展，有利于生理和心理的健康，从而进一步提高师生工作学习的主动性、积极性和创造性。

第五，传播辐射作用。校园景观塑造着学校的形象，它深刻地反映出学校自身的特点及内涵，对社会公众、对本地区以及更大范围产生一定影响，在提高学校知名度的同时，构成社会文化的一部分。高校是学术思想的重镇，也是社会良知与理性的凝聚场所。学校吸收整个社会的精华，同时提炼和凝结出新的精华，再去影响社会。高校校园文化中的思想观念和行为方式，终将为社会文化所吸收和融合，起到推动社会文化发展的巨大作用。因此，存在于高校的文化环境和精神氛围，不仅对内有强烈的感染力，而且对社会文化也产生辐射作用。

第六，景观文化内涵丰富，记载着历史往情，同时又反映着现代风貌与创新成果，为创造更加辉煌的明天奠基。校园景观的设置与解读使广大师生在认识自己与环境的过程中改变着自己的世界观、人生观等观念。广大师生已经不仅限于感受身边的人文景观，而且以自己的角度审视身边的环境，在探寻其中故事和历史之后对它们又有了新的认识，并且更加热爱学校、热爱生活，以高度的责任感和使命感奋发读书，以求报效社会、报效国家。

（三）校园景观建设的基本原则

现代校园进行生态建设是尊重自然、追求和谐的观念在校园文化建设的重要体现，要重视以人为本、人与自然和谐共存的高层次校园文化的建设方向，从而在构建充满生机的景观文化、充分发挥校园景观环境的育人功能等方面具有重要性。具体在高校校园景观设计中，设计者应遵循以下基本原则：

1. 以人为本原则

校园是教师和学生活动的场所，需要学校有适宜的环境，校园景观设计应当以他们为中心，满足师生必要的生活、运动、游憩等人本主义的基本需要。校园环境景观形态设计失败的案例，多半是设计脱离师生作为环境主人的行为感受与需求，设计者脱离实际，决策者标新立异而把师生的生活需求放在一边，走上了以我为本的歧途。现代景观规划理论强调规划的基点是以人为本，在更高层次上能主动地协调人与环境的关系和不同土地利用之间的关系。校园的景观设计是以人的需求为基础的，因此，高校校园景观规划应本着以人为本，即在尊重自然的前提下，考虑人的尺度和心理要求，将人的活动性和舒适性作为景观规划的出发点，强调景观的宜人性，包含景观通达性、建筑与人的亲和性、生态系统稳定性、环境清洁度、空间舒适度、景色优美度等内容。

2. 可持续发展原则

高校校园景观规划要体现可持续发展的原则，要从长远发展考虑。景观设计要与学校自身的发展目标和定位相结合，必须有符合自身风格特色的高校校园环境，规划和设计要能够经得起时间的考验，具体表现大致分为：①结构性协调。环境系统内各要素之间的内在联系应具有较严密的组织构成、合理的比例关系和较高的有序性。②功能协调。环境系统内各要素须相互配合与互动。③区域性协调。任何封闭环境不可能单独达到理想目标，必然与周边地区协同发展，互惠互利。④时段持续。环境发展具有阶段性，不同时期有着不同的目标形态，但须前后持续、着眼未来，构成良性递进。无论是校园整体景观还是局部景观，风格的选择是设计的一个决定因素。校园整体形象一旦定位不要轻易变动，各个时期的建设应在创新的同时保持与整体形象协调一致，延续原有的文化氛围和文化脉络，使整个校园风格一致。教育是百年大计，纵观世界名校无不具有光荣的历史。因此，还要留有发展余地，规划出科学合理、扩展方便的弹性生长型校园结构。应建立好各区域环境中的建筑物、道路、公共空间、景观绿化等主要环境要素之间的有机联系、空间关系以及区域环境与校园整体环境之间的协调关系。有效避免因盲目改造、设计失误、工程质量低劣而造成的不良后果，使校园环境建设形成整治见效果、投入有回报的良性循环。

3. 生态性与因地制宜原则

校园环境建设必然受到各种主客观因素的制约，因此，要最大限度地利用有限的资金改造环境，因地制宜地对校园环境进行合理的改造、调整和美化，在环境设计理念上摒弃粗放型的设计观念，坚持生态的原则，从保护原有生态环境做起，使人工生态系统与自然生态系统协调发展，在尽可能不干扰环境的情况下解决功能和美学问题，强调自然保护和生态平衡。对于学校而言，必须从大环境着眼，从小环境入手，尽可能利用那些天然的地形和植被，为生态环境的合理化创造条件，应避免为追求气派而过分强调草坪的作用，忽视乔、灌、草、地被植物群落式立体配置的重要性。换言之，校园环境景观形态设计既要达到生存目的，又要取得发展的成功，设计手段应是花最少的力气去适应生态环境。

总而言之，学校环境景观应该和学校的其他要素较好地配合连贯、一致协同。在进行校园规划、绿化、建筑设计以及人文景观的建设时，要体现人才培养的目标，并把这种人文主义目标变成校园教育环境的规划图，把人的发展目标隐含在设计之中。要赋予物质设施以文化内涵，使之具有较为深厚的文化底蕴，成为校园文化的有机组成部分和师生员工爱校情结的载体。

（四）校园景观建设的主要方法

植物景观文化作为校园景观文化中重要的表现形式受到广泛重视。种植文化是融种植与养殖为一体的人类对自然环境的人文化改造，这里只从其浅层意义讲其中的一个层面——绿化。绿化也远不是简单意义上的增加绿地面积。创造性地使用和开发绿化手段，在景观文化建设中仍然大有可为。

园林绿化观赏效果和艺术水平的高低，在很大程度上取决于园林植物的选择和配置。园林花卉植物花色丰富，有的花卉品种在一年中仅一次特别有观赏价值，或者开花期，或者结果期；还有的种类一年中产生多次观赏效果。因此，应从不同园林植物特有的观赏性考虑园林植物配置，以便创造优美、长效的花卉风景。

1. 利用植物色彩分层效果

分层配置、色彩搭配是拼花艺术的重要方式。不同的叶色、花色，不同高度的植物搭配，使色彩和层次更加丰富。不同花期的种类分层配置，可使观赏期延长。创造绿化层次则包括：可以充分利用乔木、灌木，校园中亭台楼阁的错落与间隔，造成绿化视觉的高低错落、疏密有间的审美效果。避免单调、造作和雷同，形成春季繁花似锦，夏季绿树成荫，秋季叶色多变，冬季银装素裹，景观各异，近似自然风光，使学生感到大自然的生机。按季节变化可选择的树种有早春开花的迎春、桃花、连翘、丁香等；晚春开花的蔷薇、玫瑰、棣棠等；初夏开花的木槿、紫薇和各种草花等；秋天观叶的三角枫、银杏和观果的海棠、山里红等；冬季翠绿的油松、桧柏、龙柏等。总的配置效果应是三季有花、四季有绿，即所谓"春意早临花争艳，夏季苍翠不萧条"的设计原则。在林木配置中，枝叶茂密的比枝叶少的效果好，阔叶树比针叶树效果好，乔灌木搭配的比只种乔木或灌木的效果好，有草坪的比无草坪的效果好，多样种植物比纯林效果好。此外，也可选用一些药用植物、果树等有经济价值的植物来配置。木绣球前可植美人蕉，樱花树下配万寿菊，可达到三季有花、四季常青的效果。园林植物配置应在色泽、花形、树冠形状和高度、植物寿命和生长势等方面相互协调。同时，还应考虑到每个组合内部植物构成的比例，以及这种结构本身与游览路线的关系。设计每个组合还应考虑周围裸露的地面、草坪、水池、地表等几个组合之间的关系。

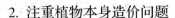

2. 注重植物本身造价问题

部分园林滥用名贵树种，这样做不仅增加了造价，造成浪费，而且珍贵树种随处皆是，也就显得平淡无奇了。很多常见的树种如桑、朴、槐等，只要安排、管理得好，可以构成很美的景色。在重要风景点或建筑物迎面处，仍须将名贵树种酌量搭配，重点使用，多用乡土树种。各地乡土树种适应本地环境的能力最强，而且种苗易得，又可突出本地园林的地方色彩，因此，须多加应用。当然，外地的优良树种在经过引种驯化成功后，也可与乡土树种配合应用。

注意植物与校园其他建筑的搭配效果。园林建筑的颜色、形体都是固定的，如果没有植物的搭配，也会显得枯燥乏味，缺少生动活泼的艺术感染力。树木与建筑配置时，要根据建筑的结构、形式、体量、性质来选择树种。大型建筑因其庄严、视野宽阔，故应选择枝干高、树冠大的树木；小型建筑因其精美、小巧玲珑，故应选用一些多姿、芳香、颜色艳丽的树木来配置。植物装饰建筑墙面，多数是西边。

3. 利用植物独立空间效果

从构成的角度而言，植物是一种设计因素或一种室外环境的空间围合物。在地平面上，以不同高度和不同种类的地被植物或矮灌木来暗示空间的边界。在垂直面上，植物能通过树干和叶丛两种方式，通过暗示的方式，而不是以实体限制空间，其空间的封闭程度随树干的大小、疏密以及种植形式而不同。叶丛的疏密度和分枝的高度影响着空间的闭合感，阔叶或针叶越浓密、体积越大，其围合感越强烈。植物同样能限制、改变一个空间的顶平面。植物的枝叶犹如室外空间的顶棚，限制了伸向天空的视线，并影响垂直面上的尺度。当树木的树冠相互交冠、遮蔽了阳光时，其顶平面的封闭感最强烈。空间的三个构成面（地平面、垂直面、顶平面）在室外环境中，以各种变化方式互相组合，形成各种空间形式。不论在何种情况下，空间的封闭度随着围合植物的高矮大小、株距、密度以及观赏者与周围植物的相互位置而变化。

利用植物构成的一些基本空间类型有开敞空间、半开敞空间、顶平面空间、完全封闭空间和垂直空间。①开敞空间：仅用低矮灌木及地被植物作为空间的限制因素，这种空间四周开敞、外向、无隐蔽性，并完全暴露在天空和阳光之下。②半开敞空间：这种空间的一面或多面部分受到较高植物的封闭，限制了视线的穿透，开敞度相对较小，种空间通常适于用在一面需要隐秘性，而另一侧又需要景观的居民住宅环境中。③顶平面空间：利用具有浓密树冠的遮阴树，构成一个顶部覆盖而四周开敞的空间，该空间为夹在树冠和地面之间的宽阔空间，人们能穿行或站立于树干之中。④完全封闭空间：这种空间的四周均被中小型植物所封闭，其相当黑暗，无方向性，具有极强的隐秘性和隔离感。⑤垂直空间：

运用高而细的植物能构成一个方向直立、朝天开敞的室外空间，这种空间尽可能用圆锥形或纺锤形植物，越高则空间感越大，而树冠则越来越小。

二、高校校园图书馆的建设

从高校图书馆的宗旨出发，高校图书馆文化应具备四个层面：①精神文化。图书馆精神文化是指图书馆员在长期的工作实践中所形成的一种相对稳定的思想行为风尚，包括馆员的政治态度、精神面貌、思想情操和职业道德等各种群体意识和群体精神。具体体现为勇于牺牲自我的红烛精神；读者至上、真诚服务的奉献精神；高尚职业情操的敬业精神；以馆为家的集体主义精神；言传身教、为人师表的自我塑造精神；刻苦钻研、顽强工作的积极进取精神。②环境文化。图书馆环境文化是指通过图书馆建设、设施、布局、美化、厅堂装饰等各种物化形态所体现的环境氛围。③活动文化。图书馆活动文化是指图书馆通过有目的、有规律、有特色地组织开展宣传、教育、学术研究和娱乐等活动所体现的文化风韵。④制度文化。图书馆的制度文化是指图书馆的馆纪、馆规、日常行为规范、部门岗位职责、业务工作细则、奖惩制度等各项管理制度。科学合理的图书馆制度文化为鉴定馆员和读者的品质、人格和行为等提供内在尺度，它能使馆员与读者在制度的约束下养成良好的行为习惯。

（一）校园图书馆建设的作用

高校图书馆的性质、特点和功能，决定了它在高校校园文化建设中充当着特殊的角色，占有独特的地位，具有重要的作用。图书馆文献资源是图书馆的基本构成要素，能全面地支持和服务于高校校园文化，因此，文献资源直接影响着高校校园文化的有效展开，影响高校校园文化的整体发展态势和水平。图书馆要以自身的任务和读者需求为依据，有层次、有重点地组织文献资源。同时，利用现代化设备，开发外部资源，为学生提供一个信息量大、开放式的学习环境，在更有效地利用已有文献信息资源的同时，让新开发的信息资源尽快上网，尽力创造条件提供高质量的信息资源服务，更好地满足读者需求。

1. 熏陶作用

图书馆一直被认为是高校水平的重要象征，代表高校的形象。很多高校图书馆都建在校园的中心，建筑典雅，气魄宏大，作为校园的重要地标，成为校园里一道亮丽的风景。图书馆正是通过幽雅的自然环境、富有艺术感染力的现代化馆舍建筑、先进的设备、丰富的馆藏文献、科学的管理、完善的规章制度和优良的服务等来营造和谐的文化氛围，吸引更多的师生走进图书馆，在知识的海洋中遨游，汲取知识，净化心灵，在感受美、欣赏美的同时创造美。

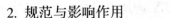

2. 规范与影响作用

完善、合理、规范的图书馆制度是学校办学理念的体现。图书馆根据各个岗位的服务性质、目标，根据图书馆馆藏文献、馆藏规模、设施设备等技术条件和服务环境的不同特点，制定相应的规章制度和管理方法，并使其符合图书馆开放性、时效性、共享性信息服务的要求。图书馆制度在充分展示一所高校办学理念，紧密为学校服务的同时，还应该展示尊重知识、尊重科学的精神，表现思想学术开放的态度等图书馆的价值观念。

高校图书馆要尽可能地改进服务，提供更好的物质条件，创造浓郁的文化氛围，最大限度地满足学生的需要。其安静的环境、良好的秩序，对于培养高校学生良好的公共道德，建立人与人之间互相尊重、互相理解的良好关系都将起到很好的作用。图书馆可通过张贴提示性的标志，建立文明高雅的学习环境，使学生养成良好的行为习惯，从而对培养高校学生良好的公共道德起到积极的作用。同时，图书馆员应以丰富的知识、高雅的气质、良好的职业道德赢得学生的理解和尊重，形成良好的育人环境，从而对高校学生树立积极的人生观、奉献社会的人生理想、养成良好的公共道德起到积极的作用。

3. 陶冶品位作用

图书馆幽雅的建筑、丰富的影音资料、现代化的服务设施及教学科研需要的系统化的学科文献，既为校园物质文化建设提供了基本的物质条件，又使图书馆成为与教学实验设施并列的校园物质文化建设主体，成为育人的主要场所。图书馆自身拥有的资源、设备，使图书馆不仅成为知识营养的提供者，而且要担当起大学生提高艺术修养、丰富审美情操的文化中心的角色。图书馆以其高品位的文化氛围陶冶人。例如，举办适当的学术讲座，组织对优秀影视作品的欣赏，进行有艺术品位的图书馆环境布置，这些都可以对学生起到艺术教育、美的熏陶的作用。

高校图书馆员不仅是文化知识的传递者，也是大学生思想道德的培育者。目前各高校图书馆注重引进人才，加强在职人员的学习和培训，使图书馆员的专业水平不断提高。图书馆员可以通过学术研究、文化交流等方式积极参与校园文化建设。图书馆员在为读者服务的过程中，有很多专业上的问题需要进行有益的探讨和研究，同时，图书馆员在文献资源的了解和掌握、文献检索方式的熟练等方面具有优势，他们在为读者服务的同时，也可以进行一些深入的研究，产生一些副产品。图书馆员学术研究不仅可以活跃校园学术氛围，而且可以提高图书馆的学术水平和学术地位，增强图书馆员在校园文化建设中的自尊和自信，成为校园文化中的一个亮点。

大学是各种学术观点交汇、融合、撞击的地带，处于各种文化思潮交汇的前沿阵地。因此，图书馆要加强学术动态研究，时刻关注社会政治动态，把握师生思想波动的轨迹，坚持社会意识形态的主导地位，对事关政治方向、重大原则的问题，要向广大师生提供保持学术研究正确方向的服务信息，帮助大学生提高辨别是非的能力，以防止和避免学术研究偏离正确的轨道，努力在大学校园内形成既有学术自由，又能健康发展的良好局面，保证学生的健康成长和校园文化的健康培育。

图书馆可以利用音像资料进行审美教育，利用多媒体设备组织学生欣赏古今中外艺术经典作品，开设音乐、美术影视等艺术讲座，让学生在图文并茂、声情并举的视听欣赏中接受艺术美的熏陶。图书馆还应利用丰富的馆藏资源，开展多种形式的导读服务；可利用校报、宣传栏等园地将教育意义深远、内容健康的社科读物推荐给读者，如引导学生阅读革命领袖的著作、名人传记和中外名著，引导学生阅读我国优秀的传统文化典籍。

（二）校园数字图书馆的建设

数字图书馆是一个发展中的概念，其内涵和外延也在不断地丰富和发展。从比较流行的观点来看，数字图书馆的概念可有狭义和广义之分：①狭义的数字图书馆是指对传统的图书馆的数字化；②广义的数字图书馆内涵较丰富，包括数字化平台、数字教育平台、数字新闻平台、数字情报平台、数字娱乐平台和数字商务平台等。可见，广义的数字图书馆的内涵更为丰富和多样，更符合现当代意义上的数字图书馆的内涵与意义。

数字图书馆通过计算机网络，把大量分布在一个地域或一个国家的众多图书馆或信息资源单位组成联合体，把不同地理位置上及不同类型的信息按统一标准加以有效存储、管理并通过易于使用的方式提供给读者，超越空间和时间的约束，使读者在任何时候、任何地方都可以在网上远程跨库获取任何所需的信息资源，达到高度的资源共享。

数字图书馆是面向对象的数字化多媒体信息库。数字图书馆的存储介质已不限于印刷体，它具有文本、声、光、图像、影视等多种媒体，其存储的载体也相应地有光盘、录音带以及各种类型的数字化、电子化装置，它通过多媒体、超文本、超媒体等技术，提供智能化的信息检索手段，向读者展示各种生动、具体、形象、逼真的信息。数字图书馆是与平台无关的数字化资源集合。数字图书馆可实现异种数据库之间、服务之间、工作站之间的可互操作性，并正在探索深层语义上的可互操作性，采用一种联合式或协调性软件，从类型相似的数据对象和服务中，取得一致性和连贯性检索内容。目前在网上查资料，须逐个站点地查询，建设数字图书馆以后，读者只要提供某个检索点，计算机就会按统一的用户界面提供所需的全部资料。数字图书馆具有强大的信息传播与发布功能。数字图书馆的服务方式与传统图书馆有着重大的差别，它变传统图书馆的被动式服务为主动服务，可以通过网络随时发布和传播各种文献资源的信息，对读者进行"引导"或"导航"，向读者提供多种语言兼容的多媒体远程数字信息服务。

1. 校园数字图书馆的特征

数字图书馆与传统图书馆在基本的文献存储和信息传递上所起的作用是相同的。从本质上而言，都是信息的有序化与增值传递，但在处理对象、工作程序、表现形态等方面有极大的差异。数字图书馆建设使传统图书馆迈入了一个崭新的天地，数字图书馆及其组成部分虽然仍称为图书馆，但与传统图书馆相比有其独有的特征，即物理空间实体不再是特定标志。

数字图书馆是在科技知识呈几何级数增长的学习化社会背景下发展起来的。数字图书馆的服务内容和结构多元化形成的"即时生产"型的服务体系，使人们可以根据工作、生活、休闲等需要，在可能的场合随时随地自主进行学习，随时获取知识、提高能力；读者成了图书馆服务过程中的认知主体，图书馆员与读者在时空上处于准分离状态，读者的学习可以是灵活、多样、开放的。

从不同角度看，数字图书馆具有不同特点：①从对象来看，数字图书馆的对象可以是社会全体成员。数字图书馆对读者没有限制条件，为人提供了多种可供选择的学习方式和内容，特别是给那些没有机会到图书馆读书的人们提供良好的学习条件。②从图书馆公共与否来看，数字图书馆可以是公共图书馆，也可以是非公共图书馆。为满足社会和个人发展需求，数字图书馆的体制、办馆形式、服务设置必然朝着多层次、多形式、多规格方向发展。③从图书馆的场地来看，只要具备上网条件的地方，就可以通过网络进行自主学习，突破了传统的图书馆和阅览室的限制。人们可以在图书馆内学习，可以在图书馆外学习，在工作场所学习，也可以在家庭学习。网络技术的广泛应用，为进一步拓宽图书馆服务范围提供了条件。④从接受图书馆服务的目的来看，可以是教学和科研的需要，可以是学历教育的需要，也可以是非学历教育的需要，如符合个人兴趣爱好的各种报告会、讲演比赛、讲习班、研讨班、培训班等。

从图书馆功能来看，数字图书馆具有六个特点：

（1）虚拟性。虚拟性是数字图书馆的最大特点。各种文献载体将被数字化，包括各种印刷型文本（古籍、善本）、地图、缩微资料、视听资料和动画片、电影片等。在数字图书馆中，将以多媒体数据为主。

（2）重复性。数字图书馆的储存功能使图书馆资源可以重复使用不会被消耗，并无磨损，使数字图书馆资源成为一种取之不尽的资源，能够保存和积累；同时，数字图书馆资源使用者又成为数字图书馆资源提供者。数字图书馆储存着丰富优质的资源，为人们长时间反复使用信息资源提供可能性。分布式管理是数字图书馆发展的高级阶段，意味着全球数字图书馆遵循统一的访问协议之后，数字图书馆可以实现"联机检索"。全球数字图书馆将像现在的链接网站一样，把全球的数字化资源联为一体，成为一个巨大的图书馆。通过有效的文本数据库查询技术和多媒体资料的查询技术，直接对图像、声音建立索引，可以按照颜色、形状、纹理在图像中的位置对图像进行查找。

（3）替代性。数字图书馆可以无人值守，而实现智慧服务，即人—机图书馆服务；可以代替或演示事物的反应与发展过程，使服务内容更生动、直观、形象、具体。数字化图书馆大多采用客户机/服务器的模式，客户、图书馆服务器和对象服务器构成信息传递的核心结构。图书馆服务器主要管理数据的目录、索引和查询，而对象服务器用于管理数字化的对象。海量数据的存储和管理显示了数字图书馆的规模与能力。

（4）隐蔽性。多媒体网络为数字化图书馆提供了一个资料的传输环境。换言之，宽带综合业务数字网络将成为多媒体通信的基本传输网络。数字图书馆通过现代网络信息技术提供给读者的是虚拟化的空间。网络的隐蔽性使人们处于时空的隔离。只要有网络设施，人们可以在任何地点、任何时间通过网络浏览数字图书馆，看自己想看的东西，且很难被人察觉，这有利于保护个人隐私，也有利于个体的发展。

（5）开放性。开放性是指数字图书馆向任何人在任何地点、任何时候，以任何内容、任何方式提供学习机会。数字图书馆具有一般计算机网络系统的管理功能，要重视各种类型用户的权限管理，更重要的是用适当的技术确保版权人的资源不被滥用。开放性带来读者使用数字图书馆的自由性、灵活性、针对性和适应性；开放性也带来人们思想价值观念的开放，使人们的视野更为开阔，思维方式更具全局性和整体性。

（6）平等性。数字图书馆的隐蔽性使人的身份隐蔽，人面对数字图书馆都是平等的，读者的使用权都一样。数字图书馆使以往的图书馆服务模式发生了深刻、根本的变化，世界性图书馆服务已成为一种现实，图书馆服务也由单向性向交互式转变。

数字图书馆海量存储和媒体多样化。图书馆的基础是书刊文献信息资源，而数字图书馆的基础是数字信息资源。社会的进步促使信息产量飞速增长，网络的普及和电子出版物等新型科技手段使得信息的发布和使用更便利，图书馆信息的收集量、处理量和储存量也相应地不断增大。数字图书馆的存储介质由传统的纸质转变为多种媒体、数字信号，可以处理多种形式的信息，如文字、声音、图像、动画、多媒体、虚拟空间等。针对不同的媒体可以采用不同的文件存储格式和压缩方式。目前，常见的在电子图书采用的文件格式有TXT、DOC、PDF、HTML、GIF、JPEG、MPEG 等。这些媒体信息仅对其数字化是远远不够的，需要图书馆的专业人员对信息内容再加工，根据各种媒体的特性进行标引、数据加工、限制、缩放等。

2. 校园数字图书馆的发展

一个良好的、高速的网络环境是运行数字化图书馆的基础。在这样的网络环境中，人们对数字信息的存取已经突破了数字信息存放地点的限制，然而在网络空间中，还是需要人为地加上一些限制，必须重视网络空间的安全。在数字图书馆中也应根据各种应用本身的需要来划分不同的层次，网上用户的使用层次也根据各馆的政策和规定检索不同层次的信息。读者在对传统图书馆的使用中，被图书馆的地理位置所束缚，图书馆和图书馆之间的相互使用性无法更好地发挥。数字图书馆已超越了地理位置的限制，通过网络和计算机，将全国甚至全世界的数字图书馆有组织地链接起来，同时它还超越了时间和空间的约束，读者可以在任何时候、任何地方获得任何自己所需要的信息资源。

数字图书馆所收藏的资源信息不限于印刷体，而是包括声音、图像、影视等多种媒体，它的存储载体也相应地有光盘、录音、录像带及各种类型的数字化、电子化装置。因此，数字图书馆应提供生动、具体、逼真的形象资源。此外，由于读者提供信息资源一致性的服务，要求数字图书馆具有兼容多种语言的能力。不同文化背景、使用了不同语言的读者，都可以在数字图书馆中访问到多种数据库和知识库，取得自己的目标文献资源。

数字图书馆是一个将收藏、服务和人集成在一起的环境，它支持数字化数据、信息和知识的整个生命周期的活动，包括生成、发布、传播、利用和保存，它所提供的服务是主动型的，随时发布和广播各种信息资源的消息，它不断地、主动地为读者提供所需的信息资源，提供导航式和个性化服务，这样图书馆服务模式就由被动式转变为主动式，从根本上改变未来教育的模式和方法。数字图书馆应该不断地综合最新的科技动态，新科技和新学科的发展趋势，对读者进行信息资源的引导和导航。数字图书馆拥有现实的馆藏和虚拟的馆藏，多种类型信息的处理，免费服务，服务模式的广泛性、服务内容的多样化，以及具有部分电子商务的服务模式，使其具有与传统图书馆不同的组织结构，这种结构的特点是立足本体。作为一个信息站点，按功能或任务来划分组织机构，包括信息采集整理、信息资源的加工转换、信息发布和服务、数据信息维护等，作为全球数字图书馆的组成部分，应展开形式多样的资源共享，包括联合购买数据库，报道馆藏资源，提供统一标准的服务等，但是在提供的资源或服务上必须强调特色，相互协作，互尽义务，互惠互利；不同层次的读者可以享受不同的使用权限；在不违反版权和其他法律规定的前提下传递信息资源；对某些服务或某些读者的使用率进行正确的使用统计并合理地收费，可以结合电子货币结算功能进行。

一个现实的数字化图书馆在今后一段时间内将同时存在三种资源：①本单位收藏或开发的数字化信息资源；②传统图书馆的印刷型资料，但应有各种数字化的索引；③外界数字化图书馆、信息中心和电子出版物数据库的资料等。搜索引擎是数字图书馆收集信息资源和读者查找数字图书馆信息资源的重要工具，特别是近年来出现的动态建立索引的搜索引擎，能自动帮助数字图书馆收集和查找信息资源，同时，也是为读者提供定选服务工具。

目前经常使用的搜索引擎的种类大致可以分为五种：①浏览式查询；②按主题指南分类目录查询；③利用检索软件进行关键词查询；④用自然语言查询；⑤集成式、多线索的检询。全文检索系统已越来越被大家重视，现代全文检索已引入超文本和超媒体的概念，不但对本地数字图书馆的信息资源进行全文检索，还能提供超文本联想检索和网络检索，按读者的要求链接到另一个网上图书馆获取所需的资料。全文检索系统有自然语言接口等功能，具有智能的数字信息资源的检索软件，简单地将传统的图书馆中惯用的检索手段如关键词、提名、布尔逻辑等查询方式应用于数字图书馆，但无法解决数字图书馆中浩瀚的信息资源的查准和查全的问题。

数字图书馆中存储的海量和多媒体信息需要有智能化的搜索引擎、交互式智能化而又简单易用的多媒体检索工具，让读者在数字化图书馆系统的各种数据库和知识库中获取有组织的、连续性的、真正所需的信息资源，让使用者不必预先了解或学习检索各种类数据库的技术和方法，意味着数字图书馆必须有异物平台的统一检索界面的功能，并可根据读者的需求提供个性化的主动服务。数字图书馆在检索方法上的要求是以人工智能为基础，读者可以通过自己熟悉的自然语言，不断地与系统进行交互，逐步缩小搜索目标，并将检索结果予以知识化关联，最终获得确切的信息资源，检索的结果可以有多种形式的显示、表达或演示甚至构造虚拟现实。

在数字图书馆建设发展的形式下，站在图书馆事业发展的高度，应及时了解、学习和吸收图书馆界的最新发展动向和最先进的信息技术，采用和发展先进技术，把数字图书馆打造为科技创新服务的信息平台，把信息转变为生产力，更好地为社会经济的发展服务。

3. 校园数字图书馆的对策

数字图书馆是一个将信息资源以数字化方式存贮并通过网络提供即时服务的信息系统，所以，信息资源数字化是实现数字图书馆的根本条件。本节从数字图书馆中信息资源数字化的含义出发，探讨信息数字化的关键技术，并从内容建设、知识产权、技术应用和标准与规范四方面分析我国数字图书馆信息数字化中存在的主要问题，同时提出相应对策和建议。

信息数字化作为数字图书馆的内容建设，是数字图书馆正常运转的关键步骤。但目前我国信息数字化基于种种原因还存在许多问题，如重复建设、知识产权、技术应用和标准与规范等问题，这些都严重阻碍了我国数字图书馆的健康发展。因此，我国在实施信息数字化建设过程中，不仅需要更新观念、统筹建设，还要规范标准、加强立法、提高馆员素质，更要加强适合我国国情的技术创新。所以，需要不断地总结经验，探索新的开发技术和工作方式，逐步将我国宝贵的传统文化遗产加以数字化，进而开发出具有中国特色的数字化产品。

从社会信息化环境的角度而言，数字图书馆是运用计算机技术、网络技术、通信技术等多种信息技术，对不同载体和类型的信息资源进行搜集、选择和规范化处理，使之以数字化的方式存储、建立分布式的馆藏信息资源库和虚拟信息资源库，并通过网络向世界各地用户提供无时空限制服务的信息系统。数字图书馆的主要职能是搜集、保存和传递数字化信息，可以称之为数字化信息的存储和传递中心，所以，信息数字化建设无论从质量还是从数量上都是数字图书馆发展的关键环节。信息数字化技术包括数字化信息的生成技术、存储技术和压缩技术等，其关键技术是数字化信息的生成和存储。

数字化信息的生成技术包括键盘录入和非键盘录入两种方式，目前使用较多的数字化信息的生成技术主要是第二种方式。键盘录入是一种手工转换的文本模式；非键盘录入包括手写识别技术、印刷文稿扫描识别技术、语音识别技术。数字化信息的存储技术包括直接存储技术和网络存储技术。直接存储技术是目前大多数数字图书馆的数据储贮技术，主要包括光盘塔技术、磁盘阵列技术和磁带库技术；网络存储技术是海量数据信息存储的实现方式。

虽然我国数字图书馆建设中的信息数字化工作取得了一定的进步，但由于观念和技术的落后，信息数字化建设整体上呈现出数字信息资源重复建设严重、版权保护立法不健全、缺乏有力的技术支撑、标准和规范化建设滞后等问题。

重复建设问题：由于国内各地区、各系统以及各馆之间无一个权威的协调机构，也无规划布局和分工实施计划，数字图书馆建设缺乏全局性的统一规划和政府权威部门的协调，相当多的所谓数字图书馆建设仍处于各自为政、贪大求全和相对分散的无序状态，信息资源重复现象问题严重。

知识产权问题：数字图书馆中信息数字化所涉及的知识产权问题包括信息来源的著作权尊重和数字化信息建成后自身著作权的保护。随着数字图书馆的开通，数据库的利用将越来越广泛，由此产生的知识产权问题就不可避免，其中争论的焦点是关于网络作品的制作、传播和使用的版权保护问题，让一些数字图书馆在实践中遭遇法律尴尬。著作权人公开指责图书馆界滥用权利，严重损害了著作权人的利益；出版界也有人认为文献信息的数字化是复制出版界的出版物，在网上出现了成千上万的复制本，使出版界的经济利益受到损害；而图书馆界则认为信息获取的主动权完全掌握在版权人手里，这样会严重地影响知识的创造和传播。

技术应用问题：随着电子出版物的收藏和网络数字化资源的采集，图书馆进行数字化转化所使用的技术主要是光学字符识别（OCR）扫描录入方式。一般的 OCR 录入系统能够实现对各种现代书籍、简繁体书籍、报纸杂志、公文档案的录入识别，且识别率高，还能实现各种校对。对馆藏文献的数字化而言，由于汉字的复杂性，OCR 对各类中文文献的识别远难于对英文和数字的识别，特别对含有繁体手写汉字的古籍文献、简繁混排的中文文献、专业性强的中文文献以及难以机检的汉字文献，OCR 技术目前还存在很大的误识率和拒识率，所以，需要对 OCR 系统进行深入的研究和改进，提高其应用的全面性，并要引入中文校对、录入质量控制等技术，从而加强其管理功能。

标准与规范问题：目前，在信息数字化标准规范方面存在的问题主要有五方面：①缺乏对标准规范重要性的认识；②缺乏普遍接受和广泛应用的关键标准规范；③缺乏对标准规范建设的系统化把握；④缺乏对标准规范的开放描述和开放应用；⑤缺乏开放、联合、共享的标准规范建设与应用机制，例如图书馆在信息资源建设过程中所采用的软件系统差异很大，其标准和格式都不一致，导致开发的数据库不能兼容，检索界面不一，检索途径不同，检索语言也无统一的规范控制，无法在网上实现资源共享。

只有具有特色的数据才能赢得较高的网络访问频率，才具有资源共享的价值，也是各大数字图书馆以最小投入换取最大效益的文献信息共享模式。因此，在进行本馆的信息数字化建设时，除需要全面考虑文献价值、用户需求、载体形态、技术可行性和著作版权等一般因素外，还需要科学而系统地考虑馆藏内容、馆藏特色，尤其是馆藏结构和馆藏级别。馆藏级别一般可以划分为永久保存级、服务级、镜像级和链接级四个基本层次：①永久保存级馆藏是指具有确定的保存价值和用途，并具有唯一性的特色文献；②服务级馆藏是指有用的和必需的虚拟馆藏；③镜像级馆藏是指其他数字图书馆馆藏的拷贝，与永久保存级相同的是它们都是现实馆藏；④链接级馆藏则是贮存于其他数字图书馆中的数字化信息资源，其内容较为广泛，与服务级馆藏相比，与用户的相关性要低一些。只有通过这些特色数字馆藏的建设，才能真正优化馆藏文献的结构，加快馆藏信息利用，最大限度地避免重复建设，从而提高整个社会文献资源的保障水平和信息资源的开发利用效率。

（1）从信息源头加快信息数字化建设。文献信息资源的源头在出版社和出版商，每年都有数以万计的文献资源被出版系统数字化，这个资源如能加以利用，将是一笔巨大的财富。如果把信息数字化的生产重任交给出版商，将会带来很大的经济效益和社会效益：①可以大量减少信息资源重复数字化带来的人力、物力、财力的浪费；②信息资源数据库的建设者可以通过与出版社合作取得授权来解决信息资源建设、传播中的知识产权问题，既能保护作者的知识产权，又能照顾到出版商利益，同时还能让各类文化、科技的文明成果纳入数字图书馆，使其能为更多的人服务，创造出更大的价值。

（2）继续开发和利用先进技术。无论是从数字图书馆建设的角度来说，还是从作为其一部分的文献信息数字化技术的方面而言，技术问题仍然是制约信息资源共享的主要问题。数字图书馆是采用现代高新技术的系统工程，不仅需要立项研究开发新的应用技术，还需要各种高新技术成果的及时转化和应用。目前，信息资源数字化的关键技术在发达国家已趋于成熟，国外的数字图书馆工程为国内提供了可借鉴的经验，加强技术研发工作可以从四方面进行：①从中国数字图书馆建设项目的实际出发，组织专人对信息数字化关键技术进行跟踪、研究、攻关；②借鉴引进适合国情的国外先进技术和先进产品；③集成和采用以国家计划为代表的国内已有的科技成果；④开发适合我们自己的先进技术，如电子信息处理技术、指引库技术、语音识别技术及信息媒介技术，同时规范有关技术标准。

（3）促进信息数字化建设的规范化和标准化。信息数字化涉及文献描述、组织和检索多个方面，要使工作顺利进行，各个数字图书馆之间要能够共建共享信息资源，就必须统一标准，加强兼容性。因此，图书馆数字化建设要走资源共享的道路，必须打破各自为政的局面，各图书馆文献分类编目不统一对资源共享带来很大的障碍，在书目数据方面，数据不标准就不能保证用户从各个角度迅速、准确地检索资料。因此，必须有一个数字图书馆全国中心，建立健全全国数字图书馆使用的各种标准规范，协调规范资源库建设，解决信息数字化建设的标准化问题。

（4）提高馆员的信息处理技术与研究人员的素质。随着信息资源概念的发展，文献信息数量和类型的增加，信息工作方式和手段的改进，图书馆的工作对象已不再局限于对传统纸质文献和某些缩微资料或视听资料的一般性收集、整理、组织、管理等工作，数字图书馆面临更多的信息载体和信息服务方式。例如，各种电子图书、网络信息资源、CD-ROM 和其他电子资料已成为数字图书馆处理的主要对象，对长期熟悉纸质文献的传统图书馆员而言就是一个巨大的挑战；同时，数字图书馆还会带来一系列需要解决的新问题，如知识产权归属品种和复本的比例、购书经费的分配等。在书刊分类和编目工作上，馆员的技术性处理工作会迅速减少，但需要更多知识才能完成新任务。换言之，他们可能参与更多的信息技术工作、文献信息研究和用户研究工作。

总而言之，现在图书馆工作者应是信息专家和信息工程师，是信息系统的设计者，也是信息用户的导航者。所以，在提升数字图书馆馆员的素质上，一方面，可以通过吸收一批计算机、通信、外语方面有特长的人才充实图书馆人员队伍；另一方面，应加强在职人员的培训，提高其计算机、英语和专业综合素质，及时调整和优化他们的知识结构，以适应信息资源数字化建设的要求。

第三节 新媒体时代校园文化品牌的建设

一、新媒体时代校园文化建设品牌培育工作的必要性

（一）提高校园文化建设品牌培育工作实效性的需要

"随着科技不断发展和社会不断进步，校园文化建设的手段日益丰富，校园文化建设的内容覆盖得越来越广泛。"① 传统媒体背景下的校园文化建设无法满足日益增长的当代大学生精神生活的需求，这是高校校园文化建设工作的现实问题。因此，高校对于校园文化建设工作，必须跟随新媒体发展的脚步进行改革创新，提高校园文化建设工作的实效性和时代性。新媒体时代下，高校校园文化建设工作方式发生了巨大的变化，由传统的校园文化建设模式转为新媒体平台的引导教育。要做到因势而谋、应势而动、顺势而为，充分利用新媒体平台做好高校校园文化建设品牌培育工作，培养高校学生的健康人格，促进高校学生积极向上的精神文化生活，培养出符合时代发展需求的当代人才。

（二）提高校园文化建设品牌培育工作的科学化水平的重要性

随着现代社会的快速发展，新媒体已经成为高校学生学习与生活不可缺少的平台。新媒体在方便高校学生学习和生活的同时，一些错误思潮和有害资讯也开始在高校里泛滥，严重危害高校学生的价值判断和价值选择，导致高校学生理想信念淡化，严重影响高校学生成长成才和良好品德的形成。目前面临的严峻挑战是如何利用新媒体平台建设培育高校校园文化工作。很多高校为了跟随社会的发展，根据高校学生的学习兴趣和生活的实际需要，建立了新媒体平台，并依靠新媒体平台，弘扬主旋律，发挥好新媒体舆论导向作用，引导高校学生树立正确的价值观，确保达到高校校园文化建设品牌培育的目标，形成"以德树人，以文化人"的教育氛围。但是，由于新媒体是新兴平台，很多校园文化建设工作者对其认识不充分，在利用新媒体平台时，不能很好地将校园文化建设的品牌培育工作融合，实现不了预期的效果。比如：很多高校运营的微信公众号推送的文章、消息，只停留在表面的宣传推广，不能深度挖掘有内涵、深层次、质量高的推送内容，大大降低了对高校学生的吸引力，从而导致校园文化建设的教育效果欠佳。

---

①张晓雨．融媒体时代校园文化建设品牌培育创新策略研究［J］．中国地市报人，2020（9）：25.

二、新媒体时代校园文化建设品牌培育工作的创新举措

（一）有效地整合高校校园文化资源

"顶层设计"是高校校园文化建设品牌培育核心环节。校园文化建设展现了一所高校的精神、风气和办学理念，是经过长期的办学实践慢慢累积而成的办学条件、办学传统和校园气氛等现实因素和非现实因素的总和。因此，高校校园文化建设品牌培育需要通过"顶层设计"。高校校园文化品牌培育是一个系统性的工程，需要进行自上而下的"系统谋划"，要通过校园的各个教育群体的互动，每个部门密切配合，调度各个方面的教育文化资源，实现协同合作、理念一致、资源共享。首先，明确高校校园文化的品牌定位。结合高职院校工作的实际，制定明确目标以及准确的品牌定位，与其他高职院校进行区分，从自身办学特色开展"自上而下"的品牌设计和品牌培育。其次，要在分析高职院校发展现状的同时确定高职院校未来发展规划总目标和任务，通过严格规划和整体布局实现对高校校园文化品牌培育机制的科学设计。最后，要针对校园文化建设工作进行考核并有效控制，各个组织机构协同合作、理念一致、资源共享，形成协同合力效应机制，以集中有效资源，高效快捷地实现目标并不断强化顶层设计的执行性。

（二）搭建校园文化建设品牌培育工作平台

随着信息时代和数字文明时代的来临，媒体融合发展已经成为应对时代挑战的最佳选择。要发挥大数据的优势，打造舆论新生态。我们正处于大数据时代，我们的行为习惯、生活方式以及思维习惯正在发生着重大转变。全媒体融合发展已经从推进产品融合、渠道融合，发展到推动平台融合、生态融合阶段，传统媒体和新兴媒体优势互补，一体化发展趋势明显。要充分发挥新媒体在高校学生中的影响力，让校园文化通过新媒体平台进入高校学生的学习和生活中，可以让学生随时随地地通过新媒体平台感受到校园文化的熏陶作用。通过新媒体搭建的校园文化建设品牌培育平台，积极发挥环境育人的作用，潜移默化地接受社会主义核心价值观和先进文化的熏陶和感染，促进高校学生的身心全面发展。

打造新媒体时代的校园文化建设品牌培育工作平台。首先，要坚持正确的政治方向、舆论导向和价值取向，并始终贯穿到校园文化建设品牌培育工作的各个环节；其次，坚持优化协同高效推进校园文化建设品牌培育工作机制，跟随新媒体发展趋势，立足高校校园文化建设发展的实际需要，进行科学的规划，整合校园文化资源，通过新媒体平台实现高校校园文化品牌的建设和培育；再次，坚持移动优先策略，推出形式载体丰富多样、多渠道、全覆盖的移动传播矩阵；最后，打造"宣传+精神文化"理念。精神文化是校园文化

建设的核心理念，从单纯的高校宣传向精神文化层面拓展，利用新媒体平台打造"宣传+精神文化"的运行模式。

（三）加强新媒体校园文化工作队伍的建设

新媒体平台在校园文化建设中发挥着重大的作用，需要一支优秀的校园文化建设管理队伍来充分发挥新媒体平台在文化建设中的作用。一是建立"中央厨房"工作体制，建设一个统一的新闻策划、采集、编辑、发布、反馈中心，建设新闻内容数据库和管理系统。搭建一个拥有高质量内容的共享平台，综合各类资源，形成融合发展的力量。二是加强对校园文化建设人员的培训，让他们掌握新媒体平台中高校学生的使用、传播心理，学习新媒体传播技术，探索人工智能运用在策划、采集、编辑、发布、反馈中交叉使用多元传播载体的运用。三是加强对校园文化建设人员思想政治的培训，提高校园文化建设人员的思想政治素养，让主流思想借助新媒体平台"牢牢占据舆论引导、思想引领、文化传承、服务人民的传播制高点"，使高校学生在理想信念、价值观、综合素质上始终保持积极向上的奋进精神，形成校园文化建设的活力，实现校园精神文明建设的可持续发展。

（四）注重校园文化资源整合的品牌化与国际化

在校园文化资源整合与运用的过程中，应该坚持品牌化和国际化的培育，打造高校校园品牌，将校园文化中无形的意识形态领域转化为有形的品牌建设。学校要建设一流的院校，就要重视校园文化建设的品牌培育，建设符合自身学院特色的校园文化品牌。而职业教育的国际化不仅是国际职业教育发展趋势，也是高校办学发展的现实需求。高校应大力推进职业教育国际合作与交流工作，培养出具备全球视野、担负社会责任的创新型技术技能人才，不断提高高校国际化办学水平，在相互学习借鉴的基础上共同促进中国职业教育走出去。

一方面，面对大量的校园文化资源和新媒体平台中复杂的信息，高校校园文化建设工作人员要从高校实际情况出发，结合高校办学实际、发展现状、发展目标等方面，建设具有自身特色的校园文化建设品牌培育体系。打造一个实用性强、功能丰富的新媒体平台，为高校学生的学习生活提供切实有效的服务，引导正确思想舆论，整合有利的校园文化资源，剔除不适合的校园文化资源，为校园文化建设工作提供全方位、更专业的服务。另一方面，要改变以往校园文化建设中的形式单一、内容单调、教育效果欠佳的现象，实现品牌引领带动校园文化的高质量发展，发挥品牌连锁效应并达到品牌资源效应最大化。在新媒体时代，人工智能与大数据技术应用的范围越来越广，这种以互联网、链接移动终端为基础所汇集的各种资源信息，搭建了一个数据交汇的平台，通过"智能算法"实现精准推送，使校园文化的建设与传播更具有针对性，从而吸引海量的高校学生用户，增强用户的黏性，最大限度地传递主流价值，凝聚师生共识。通过潜移默化的校园文化教育，实现高校师生共同发展和进步。

　　新媒体环境为高校校园文化建设工作提供了新的机遇和挑战，借助新媒体的形式多样、技术先进、传播范围广、竞争力强的特点，为校园文化建设工作提供了新的发展局面。高校校园文化建设者应把握时代机遇，顺应社会发展潮流，勇敢面对当前挑战，探索出基于新媒体平台的高校校园文化建设品牌机制，培养融合媒体的思维和理念，提升新媒体的引导力，推动校园文化建设与时俱进、开拓创新，建设优秀的校园文化，推进高校和谐全面发展。

第六章
新媒体时代高校校园文化活动建设

第一节 高校校园文化活动的特征与功能

高校校园文化活动是通过一定的组织形式，运用一定的文化载体，由广大师生参与的体现社会先进文化、体现时代精神和高校特色的文化活动，可以理解为高校校园中承载精神、文化的所有校园活动的总称。校园文化活动与一般文化活动的不同在于，高校校园活动中的组织者、参与者、活动形式、文化形态等都具有十分鲜明的特征，是高校精神的外在表征。设计好、组织好、开展好校园文化活动，有利于塑造高校学生的精神气质和行为品格，有利于形成一定的文化环境和文化观念，有利于引领文明和谐的社会风气。"校园文化活动是青年大学生生活的有效组成部分，影响大学生的健康成长，高校应当充分考虑青年学生及社会发展的需要，对校园文化活动进行有效整合，形成校园文化活动与教学的有效合力，从而塑造特色校园文化，促进大学生的精神成人。"①

一、高校校园文化活动的特征

高校校园文化活动的发展过程，既是其内涵不断丰富、充实的过程，也是其对社会文化产生深刻影响的过程。在这个发展过程中，高校师生围绕培养目标，以社会先进文化为主导，利用物质资源、精神财富共同开展集教育、娱乐、审美于一体的各种活动，其文化内涵和精神气质在长期的积淀中与校风、校园精神相融合，形成独特的高校文化品质和校园文化活动特点。

第一，高层次。高校学生校园文化活动定位高雅，这是由高校教育主体的高层次和人才培养的高目标决定的。高校坚持社会主义办学方向，以党的教育方针为指导，努力培养德才兼备的有中国特色的合格建设者和可靠接班人。这一高目标，要求高校要综合运用课堂教学和文化熏陶的方式，使高校学生在校园中增知识、修品德、长才干。同时，高层次

①邓鹏．浅谈高校校园文化活动的创新 ［J］．读与写，2018，15（22）：1.

的教育者在指导和参与校园文化活动的过程，也是其以自身的道德和行为潜移默化地影响学生的过程。

第二，时代性。校园文化活动具有鲜明的时代性，与社会的政治、经济、文化以及教育等多方面都息息相关；同时校园文化受社会主流文化的影响，校园文化活动也与社区文化活动、家庭文化活动等相互作用。

第三，多样化。校园文化活动在突出主题特色、弘扬主旋律的同时，还具有多样化的特点，使得校园文化活动更加生动形象、深入人心。多样化体现在活动类型的多样、活动内容的多样、活动形式的多样，体现了青年学生的蓬勃朝气和创新精神。

第四，教育性。立德树人是教育的根本任务，人才培养是高校的中心工作。校园文化活动蕴含着思想政治教育的功能，以育人为己任，必然具有教育性。校园文化活动作为第二课堂的重要内容，总是要采用学生喜闻乐见的方式，在丰富校园文化活动的内涵和精神品质的同时，增加思想政治教育的易受性。

第五，传承性。校园文化在建设和发展过程中始终坚持在继承的基础上创新，包括校园的传统、校风、校纪以及校训等都得到了良好延续。不同的高校由于自身特色的不同，也表现出了鲜明的地域特点。这些校园文化的特质也决定了校园文化活动具有一定的传承性，使得校园文化活动品牌的培育成为可能。

校园文化活动的特点使得校园文化活动具有独特的生命力和感召力，成为广大青年高校学生施展才华、展示青春风采的广阔舞台。在校园文化活动中，高校学生熏陶人格、陶冶情操、启迪智慧，促进自身的全面发展。

二、高校校园文化活动的功能

文化是教育的主要内容，是高校开展思想政治教育的重要根基。优良的校园文化活动对于高校师生的成长有着重要的教育、导向以及熏陶作用，具有将先进文化辐射至全社会等多重功能。

第一，导向功能。校园文化活动的导向功能是指校园文化活动对校园主体的价值取向和行为取向所起的引导作用，符合学校所确立的素质教育的培养目标。校园文化活动中的人文文化的不断沉淀，高校学生的道德感和社会责任感自然得到增强，爱国主义、集体主义精神就能逐步树立。正是由于校园文化活动强大的导向力和感染力，学生的知识、能力和素质得到不断的充实和完善，他们的视野、思路更加开阔，知识面更加宽广，灵魂更加趋于高尚，成为和谐发展的人。

第二，约束功能。校园文化活动的约束功能是指建设一种健康的校园文化活动氛围，通过借助校园各种规章制度、校园媒体和舆论的力量，约束一些错误的观念或行为，以实现对校园文化活动主体的思想观念、思维方式、行为方式以及价值取向的塑造。高校是培养人才的摇篮，同时，也是各种理论认识、社会思潮以及文化思想相互交融和碰撞的平台。如果校园内一些不良的风气不及时加以制止，就可能导致师生的价值观等发生混乱。

第三，熏陶功能。校园文化活动的熏陶功能是指校园文化建设过程中形成的价值体系和思想观念，以及校园文化活动过程中体现的科学精神和精神风貌，使学生受到正确的思维和行为的锻炼与熏陶。良好的校园文化活动有助于培养学生健全的人格和独立的个性，促进学生的身心向着健康的方向发展。同时，高校校园文化活动中充满艺术魅力、别具一格的活动形式，能提高他们的审美情趣，调适其心理状态，有助于培养高校学生健康的审美观念与价值观。

第四，凝聚功能。校园文化活动的凝聚功能是文化本身的属性，使教育主体和活动参与者具有向心力、归属感和认同感，将高校视为自己的精神家园，将自身的发展与高校、与文化的整体发展联系起来。校园文化有着较强的稳定性，在一定的阶段内其影响也较为稳定，使高校成员的行为、思想以及意识得到有效的规范与维系。校园文化充分地体现时代精神与传统文化的交融，其本身强大的凝聚功能促使一所高校形成具有支撑力的灵魂与思想动力。

第五，激励功能。校园文化活动的激励功能是指能够让广大青年学生发自内心地产生一种朝气蓬勃、奋发进取的精神效用，激发教师、学生和职工的驱策力与使命感，从而在校园内形成开拓进取的优秀风尚，形成促进成员相互进步的激励机制与环境。文化对于人的激励作用并不是一种短期心理影响，而是通过校园精神的调节，使高校成员的思维更加趋于合理，使广大师生都能够积极向上，并向着共同的目标而努力。对高校思想政治工作而言，校园文化活动的激励功能则能够更好地为思想政治教育服务。

第二节　高校校园文化活动的理念与设计

校园文化活动的建设是有目的、有计划、有组织的。应通过科学合理的设计，使校园文化活动内容不偏离校园文化的方向，使校园文化向更加有序、更具教育意义的方向发展。

一、高校校园文化活动的理念

高校校园文化活动设计实施的指导思想是：坚持立德树人，坚持以文化人、以文育人，坚持先进文化的发展方向，遵循文化发展规律，借鉴吸收人类文明有益成果，以实施科学文化素质教育为基础，以建设优良的校风、教风、学风为核心，以优化校园文化环境为重点，以树立正确的世界观、人生观、价值观为导向，弘扬主旋律，突出高品位，努力建设体现时代特征和学校特色的校园文化，不断满足高校学生日益增长的精神文化需求，为培养合格建设者和可靠接班人提供强大的精神动力。

第一，校园文化活动要引导学生勤学求真。知识是树立社会主义核心价值观的重要基础，校园生活是学习知识的黄金时段。学习本身就是一个不断积累的过程，需要长时间的勤学苦练。校园文化活动应该多渠道、多形式营造"求真务实"的良好氛围，教育引导广大青年学生下苦功夫，求真学问，使学习知识与树立正确的价值观相辅相成、相得益彰。

第二，校园文化活动要引导学生崇德修身。"功崇惟志，业广惟勤。"立德树人是教育的根本任务，也是高校校园文化建设的核心目标。校园文化活动应该教育引导学生学会劳动、勤俭，学会感恩、助人，学会谦让、宽容，学会自省、自律。在活动中融入爱国主义教育、革命传统教育，加强思想引领和文化熏陶；融入道德励志实践、诚信教育，弘扬荣辱观；融入中华优秀传统文化教育，融入讲仁爱、重民本、守诚信、崇正义、尚和合、求大同的时代价值。

第三，校园文化活动要引导学生明辨是非。校园文化是精神文明的重要内容，是对学生进行思想政治教育的有效手段，更是培养优秀人才的重要载体。优秀人才应具有坚定的政治立场和明辨是非的能力，是非明、方向清、路子正，付出的劳动才会结出成果。社会主义核心价值观的内容和要求为广大师生判断行为得失、做出道德选择、确定价值取向，提供了基本价值准则和行为规范，是目前高校校园文化建设的时代要求和标准。我们要把社会主义核心价值观的内容和要求纳入校园文化的活动中，使其和"三个倡导"的要求成为广大师生日常校园生活的基本规范，成为高校师生的共同行为准则和评判标准。

第四，校园文化活动要引导学生培育笃实品格。高校在培育校园文化、开展校园文化活动的过程中，应该始终坚持学生在实践过程中的"知"与"行"的统一，培养学生"扎扎实实干事，踏踏实实做人"的优良品格。在活动实践中不断深化对社会主义核心价值观的理解和认识，持续营造弘扬社会主义核心价值观的浓厚氛围，逐渐形成核心价值观教育的长效机制。

二、高校校园文化活动的设计

（一）高校校园文化活动的设计原则

校园文化活动的设计决定着校园文化活动的方向和进程，应当遵循以下原则：

第一，目标取向原则。目标取向是指高校学生开展校园文化活动所要实现的目标和价值追求。设计校园文化活动，需要明确为谁开展、希望达到怎样的目标、取得怎样的收获，从而确立目标取向。这是高校学生开展校园文化活动的前提。校园文化活动是学生从"自然人"向"社会人"转轨的原动力，是精神文化的大舞台，具备增强高校学生创新意识，提高他们的创新能力，以及培养创新人格的优势。因此，高校应坚持校园文化活动的价值导向，高校学生也应充分明确组织和参与校园文化活动的目标。

第二，需求取向原则。需求取向原则主要是指设计活动时要充分考虑活动主体，即高校学生的发展需求，从而尽可能地使校园文化活动得到活动主体的"认同"。在校园文化活动过程中，要依据活动主体需求，帮助高校学生解决好他们关心的问题，使参与者体会到活动的切身利益和重要价值，实现校园文化活动效益的最大化。

第三，团队合作原则。校园文化活动绝大多数时候表现为集体或团队活动，以此培养高校学生的集体主义观念，增强高校学生的集体荣誉感，增强高校学生的团队合作意识，提高团队协作能力。要注重鼓励高校学生参与到校园文化活动中，锻炼合作意识，培养大局观念和集体主义观念。

第四，安全可靠原则。安全可靠原则是指在校园文化活动过程中，要将参与者的安全摆在重要位置，确保校园文化活动的有序进行。要对不可抗力等因素或意外事件认真分析研判，提前制订应对突发事件的预案，避免人身伤害和财产损失情况的发生。因此，高校在组织校园文化活动，特别是群体性活动时，要将"安全第一"的观念贯穿始终，建立健全校园文化活动的安全保障机制。

第五，可持续发展原则。可持续发展原则是指校园文化活动应当具有长期性、发展性和创造性，能够形成文化积淀和文化传承，形成校园文化活动的品牌。可持续发展应把握好四方面：①精心选题，要根据教育要求，依据高校学生的需求，科学设计校园文化活动；②认真策划，从可持续发展的角度为活动的组织实施做好规划；③分步实施，本着先易后难、先急后缓原则，有步骤、分阶段地实施项目；④推陈出新，坚持与时俱进的工作思路，及时总结校园文化活动的成功经验，宣传推广校园文化活动的先进典型，始终保持校园文化活动的生机与活力。

（二）高校校园文化活动的设计实操

校园文化活动的设计流程包括明确活动目标、分析活动环境、选择活动方式、搭建项目团队、动员活动资源、制订风险预案等。

第一，明确校园文化活动的目标。从管理学的角度看，组织或团队的目标具有独特的属性，因而在确立项目目标时，必须把握好活动目标的属性。活动实施的过程实际上是一个追求活动目标实现的过程。活动目标的表达可以分为三个层面：①战略目标，就是校园文化活动建设的使命和意义；②策略目标，是组织期望完成活动后所实现的"效益"；③具体的活动目标，说明活动应该达到怎样的效果，如成本目标、进度目标和质量目标等。

第二，了解校园文化活动的环境。活动设计的开始，应该对所处的客观环境有一个正确的认识，这也是对活动成功的客观因素进行了解和分析的必要过程。同时，随着社会进步和高校发展，高校学生的需求日益呈现多样化和个性化特点。活动设计要准确把握活动对象的需求，要增强与活动对象的沟通，也需要全面了解活动对象所处的环境。

第三，选择校园文化活动的方式。校园文化活动的形式要符合活动目标、活动环境以及活动参与者的需求，采取"自上而下"或"自下而上"的组织形式，如选择报告会、讲座、沙龙、知识竞赛、艺术展览、文艺会演、网络话题讨论等不同的形式来开展。

第四，组建校园文化活动的项目团队。校园文化活动一般依托学校、院系的党团组织、学生社团、学生会、班委等学生组织来实施。如果将一次校园文化活动看作"项目"，那么创建项目团队是保障活动开展的人力资源的重要一环。组建团队应遵循一些基本原则：①成员应具备组织相关活动所必需的政治素质、基本知识和技能；②成员都应具备主人翁的精神和合作态度；③要选择合适且管理能力较强者作为活动负责人；④要重视组织队伍的建设；⑤要充分沟通并选择简洁有效的沟通模式；⑥要明确责任，建立合作型的项目团队。

第五，寻求校园文化活动所需的资源。资源既包括活动开展所必需的财力、物力、人力以及政策，涵盖活动组织团队运作所必需的各方面条件。许多活动之所以无法正常进行或实现目标，很大一个问题就是在资源方面没有得到足够的支撑。所以，在活动设计阶段要充分注意寻求可得资源，量体裁衣、量力而行，保障活动的正常有序开展。

第六，制订校园文化活动的风险预案。制订风险预案的前提是进行风险识别，研判活动潜在风险，识别引起项目风险的主要因素，并对活动风险后果做出定性估计。活动风险识别中最重要的原则是通过分析和因素分解，把比较复杂的事物分解成一系列因素，并找出它们对于事物的影响、风险和大小。

（三）高校校园文化活动的设计优化

优化校园文化活动，重视校园文化活动的内涵建设。优化校园文化活动的内容要重视以下方面：

第一，加强文艺活动感召力。校园文艺活动蕴含着丰富的思想政治教育实质与内容，并以一种隐性教育的方式增强教育的有效性。高校要着重挖掘学校历史文化资源，激发师生自主创作能力，打造以爱国将领、革命英雄、科学先驱、道德模范、敬业典型、志愿服务标兵等为原型的歌舞剧、话剧，将宣传教育融入节目编排、展演、宣传等环节中，深化高校学生对先进文化的情感认同。积极推动校内、校外巡演，充分利用入学教育、毕业教育、重大节日、纪念日等时机，扩大文艺作品的受众面。通过加强艺术通识课程建设、支持学生艺术社团发展，有效提升学生的艺术涵养和鉴赏能力。同时，鼓励创作以弘扬社会主义核心价值观为主题的诗歌、散文、歌曲、动漫、视频、微电影、公益广告等文化作品，以文艺感召增强社会主义核心价值观的宣传教育实效。

第二，提升公益服务践行力。社会公益实践和志愿服务活动能有效促进高校学生学以致用，知行合一。高校应积极推动学生参与到西部地区、农村、社区基层开展实践锻炼等活动。积极推动校园公益行，开展关爱老教师、校园环境保护、节能减排、帮困助学等公益服务，引导学生关心身边人、身边事，在服务他人、奉献社会的过程中将社会主义核心价值观内化为价值准则、外化为实际行动。同时，创新机制体制，将学生参与公益实践和志愿服务的情况作为评奖、评优的重要参考，以成果导向促进校园公益活动蓬勃开展，促进高校学生在视野、品性、能力、水平等各方面得到提升。

第三，激发学生社团创造力。积极鼓励学生社团发挥团队特色、发挥动员优势，以形式多样、内容丰富的校园活动引导学生弘扬和践行先进文化和社会主义核心价值观，如依托文学杂志社、青年科技协会、助学社、志愿者团队、文体协会等开展主题宣讲、研讨沙龙、文艺展演、文体竞赛、科技创新、志愿服务活动等。同时，学校应把握原则、搭建平台、配备资源、有效激励，通过提升学生在校园文化建设方面的参与度，促进学生自我教育、自我管理和自我服务的实现。以活动立项的形式，由学生社团承担活动子项目的策划和组织，不仅可以激发他们的主动性和创造力，也能使得活动形式更生动，活动内容更贴近广大高校学生。

第四，优化新媒体网络传播力。开展校园文化活动应当紧扣当代高校学生主体意识鲜明、热衷参与、注重表达的行为特点，与时俱进地开发网络平台，并有效利用新媒体平台。要始终坚持以广大青年学生喜闻乐见、乐于接受的方式方法逐渐深入，增强主流价值引导的教育效果。通过网络主题教育、优秀典型网络宣传等线上、线下联动，进一步提高校园文化活动的覆盖率和影响力。

第三节　高校校园文化活动的组织与管理

校园文化活动的主体是校园文化活动的直接继承者、建设者以及创造者，它直接关系到校园文化活动的性质、特征和功能。活动的主体具有能动性，其素质和组成决定着校园文化活动的性质和水平。各种校园文化活动主体由于其自身条件、社会角色和所处地位的不同，组织形式、参与方式和产生影响的方式也有很大区别。

校园文化活动的环境主要包括自然环境、人际环境和文化历史环境。自然环境指的是校园附设的各种教学、科研以及生活等机构的领地、设施；人际环境则是由校园文化活动主体之间的相互交往、相互影响而形成的，它对于人的身心发展，对于人的积极性的发挥，对于工作效率的提高，都有重要影响，是一种动态的、错综复杂的环境；而文化历史环境是指高校历史文化传统的积淀、目前时代背景和特征，以及活动主体参与文化活动的积极性与创造性。

校园文化活动手段是指校园文化活动的技术方式，包括各种社会实践、科研竞赛以及生活等方面的材料、设备等物质资料，以及非物质的语言和情感等。校园文化活动的途径是指活动主体与其所采用的方法的有机结合，通常包含宣讲会、报告会、讲座、辩论赛、读书活动、社会调查、宿舍文化活动、心理测试、心理咨询等。考虑到校园文化活动主体的角色、地位以及相关任务的不同，校园文化活动途径的选择也就受到一定的限制，不同的活动主体，在不同的环境条件下只能选择与之相应的途径。

校园文化活动的对象和成果主要体现为三种文化样式：①与知识掌握、智力发展有关的教学科研等文化活动及其成果，即智力文化。②与校园文化活动主体思想政治与道德品质的形成有关联的教育、自我教育等活动及其成果，即价值文化。③与形成校园文化主体个性和谐发展有关的文化活动及其成果，即个性文化。

一、高校校园文化活动的组织

高校要精心设计和组织开展内容丰富、形式新颖、吸引力强的思想政治、学术科技、文娱体育等校园文化活动，把德育、智育、体育、美育渗透到校园文化活动中，使高校学生在活动参与中受到潜移默化的影响，思想感情得到熏陶，精神生活得到充实，思想境界得到升华。

（一）组织形式

高校校园文化活动的组织形式通常有学校主导型、学生主导型和项目委托型。学校主导型的组织方式，通常由学校职能部门、二级院系、党团组织发起，通过"学校—学院—年级—班级"的矩阵展开活动；学生主导型的组织方式，通常由学生社团、学生会、研究生会、班委等学生组织，以及学生自我组织发起，直接面向全体学生开展活动；项目委托型是近年来实际工作中常采取的方式，是将学校计划开展的文化活动以项目方式委托给学生组织，将学校主导和学生主导两种方式结合起来，既发挥学校在校园文化活动中的指导作用，又发挥学生自我组织、自我教育、自我管理的功能。

（二）组织程序

高校校园文化活动的组织程序包括活动前、活动中和活动后的各个环节。如前期准备阶段，包括活动的设计策划、组建活动团队、准备活动物资、发布通知和进行宣传、宣讲活动方法和规则、挑选活动主持人、确定评判人员等；活动进行阶段，如参与者的组织、维护现场秩序、保障人员安全、把握时间进度等；活动总结阶段，包括新闻宣传、总结反思等。有些活动要社会各方通力合作才能完成，需要提前做好学校、电台、电视台和社会各界的工作；有些活动还要注意事前排练及培训骨干，积极发挥学生骨干在校园文化活动中的组织协调作用。

（三）组织途径

第一，要进行科学合理的策划。活动策划是组织单位、组织个体对活动的认识，需要达到的目标、活动本身的意义与步骤。同样的活动用不同的策划方式，其效果截然不同。

第二，组织工作环节要高效。校园文化活动的组织要发动到个人，参与到群体，拓展到网络，提高活动的参与度和覆盖面。管理上要细化目标管理、过程监控和结果反馈，保障校园文化活动的组织能实现预定目标。

第三，加强对组织团队的分类指导。对于学生处、校团委等学校职能部门主导组织的校园文化活动，可以设立专门工作小组，对活动进行统筹和跟进。对于院系、社团主导组织的各种活动，学校相关职能部门需要对活动进行关注，整合校内资源，达到活动组织资源利用的最大化。对于班级、宿舍组织的小型活动要及时在院系做好活动备案。

二、高校校园文化活动的管理

（一）管理环节

第一，整体管理：包括了解活动背景；成立活动组织团队，考虑负责人、团队规模；制订活动方案；指导活动开展，主要指启动、计划、执行和收尾的过程。

第二，团队管理：涉及活动发起人、负责人、团队班子、团队其他成员。团队人员应当明确职责与分工，团队之间应通过集体会议、体验分享、文档发布等方式进行积极沟通。同时，要重视团队培训。

第三，进度管理：活动进度管理是对活动的每个环节进行分解控制，关键是以活动目标为依据，合理选取时间节点，编制进度计划，进行进度控制。

第四，成本管理：主要是对资金来源、财务控制的管理，包括成本预算和成本控制等环节。

第五，风险管理：风险具有随机性、相对性和可变性三个特征，但风险是可控的。可以通过活动的可行性分析、执行监测、活动评估来完善活动的风险防控机制。

（二）管理原则

校园文化活动是以学生为主体，以校园为依托空间，并涵盖管理、教学等多个行为主体的群体文化活动。校园文化活动的管理应遵循以下原则：

第一，维护校园和谐文明。校园文化活动要对学生进行核心价值观教育，进行中华民族传统美德、社会公德、家庭道德教育，使学生树立正确的世界观、人生观、价值观，提高学生的道德修养和品质。

第二，充分考虑受众差异。在校园文化活动过程中，要充分考虑和吸收不同民族的优秀文化传统，在民族尊重的基础上挖掘民俗传统中有利于社会和谐、时代进步、健康文明的内容，阐释其中与社会主义核心价值观相融相通之处，从而更好地引领少数民族高校学生认同和践行社会主义核心价值观。

第四节　新媒体时代高校校园文化活动策略

"校园文化活动是高校教育教学的重要环节，教师必须了解校园文化的具体内容及要素，注重不同管理环节和管理形式的优化升级。"[①] 教师需要在提高教学质量的同时，分析新媒体背景下校园文化活动开展的现实条件以及核心要求，为学生营造更加自由且民主的校园文化氛围，提高学生的实践动手能力，培养学生良好的人文素养。

通过深入研究，把校园文化建设同校园新媒体建设连接起来，寻找新的校园文化发展道路，丰富高校校园文化建设的形式和内容，并为高校文化建设的建设发展提供理论支撑和实践选择。可以从两方面来看：①为校园文化创新发展奠定理论基础，深化新媒体文化建设的理论研究；②促进高校学生全面发展，打造积极的新媒体背景下的校园文化。

一、新媒体时代高校校园文化活动的作用

在对新媒体进行分析和研究时，可以看出这种媒介传播形式所涉及的内容比较复杂，

---

①赵东威，徐龙稷. 新媒体背景下高校校园文化活动创新策略研究［J］. 传媒论坛，2019，2（17）：23.

其中数字技术、网络技术以及移动技术的应用最为关键，新媒体通过无线通信网以及互联网实现信息资源的合理利用和配置。作为一种现代化的信息传播媒介，新媒体在教育教学实践应用的过程中备受好评。

第一，新媒体能够保证传播的即时性和交互性，每个人都可以在进行交流的过程中与他人主动地进行联系和互动。

第二，新媒体所涉及的内容非常广泛，能够更好地体现信息资源的共享性和海量性，充分发挥信息资源的作用及优势，更好地满足受众的信息需求，实现信息资源的全球共享。

第三，新媒体中所涉及的信息传播方式以多媒体和超文本为依据，积极实现声音、图像、文字的综合化处理，促进信息传播渠道和手段的丰富化以及多样化，调动信息接收者的各项感官。从以上分析可以看出新媒体有着诸多的优势，新媒体可以结合不同新闻信息的属性以及传播需求，选择针对性的传播渠道及方式，提高信息传播的质量和效率，充分利用各种超文本以及多媒体技术弥补信息接收者在个人想象力和逻辑思维能力上的不足，真正体现信息资源传递在校园文化建设中的重要作用和优势。

二、新媒体时代高校校园文化活动的创新策略

（一）单一主体向多元主体转变

在开展校园文化活动之前，教师需要综合考虑不同的影响要素，了解新媒体传播方式的具体内容及要求，积极将线下活动与线上活动联系起来，避免时空上的限制和缺陷，保证不在现场的人也能够主动地参与其中。以新媒体为依托的信息传播方式能够在提高信息传播质量和效率的同时，改变现场参与者为主体的单一传播形式，构建多元主体的格局，促进信息资源的合理利用和共享，营造全方位、一体化的校园文化活动氛围。

（二）单一内容向集成信息转变

高校在开展校园文化活动的过程中以新媒体信息技术为依托，信息传播内容和形式越来越丰富和多元，相关管理工作人员主动利用海量信息来满足各个渠道以及不同人群的信息需求，尽量避免单一的信息传播，通过单一内容向集成信息的有效转变来提高活动的热度，增强学生参与活动的积极性并扩大覆盖面，以此来体现活动的实质价值，保障高校在开展校园文化活动的过程中获得更多的技术优势，从整体上提高活动的质量和效率。

单一内容向集成信息的转变要求教师积极地构建不同的多媒体传播渠道和框架体系，了解各个渠道的传播内容和传播形式，为学生提供菜单式的活动清单，让学生可以主动地参与

其中，调动个人的积极性，与教师进行互动，大胆说出个人的真实意见和看法。为体现校园文化活动的针对性和有效性，教师需要注重对细节内涵的分析以及优化，了解学生的学习能力和学习基础，充分通过校园文化活动的有效开展，给予学生更多学习和成长的机会。

（三）建设校园文化活动信息化平台

为开展不同形式的校园文化活动，教师需要注重理论分析与实践研究的结合，抓住不同新媒体的应用方式和渠道。此外，这些信息传播媒介在高校学生中使用得尤为频繁，学校需要关注不同信息化平台的有效构建，分析各个平台的特点以及优势，着眼于目前教育教学以及校园文化活动开展的现实条件相应地进行筛选，保障信息的及时性、有效性，不断提高信息的覆盖率。需要注意的是，不同活动平台的内涵和具体操作要求有所区别，教师须建立校园文化活动多样化的载体框架，明确不同活动时间和空间具体要求，构建完善的文化活动内容框架体系，从整体上提高整个校园文化活动的吸引力和质量，充分发挥各种信息传播技术的作用和优势。

（四）拓展校园文化活动多元化内容

活动内容是整个校园文化活动的重点和核心，教师必须注重不同活动内容的分析及选择，拓宽现有活动内容和活动形式，积极地将更多生动有趣的活动内容融入其中，明确活动策划的相关要求。其中参与者需要了解校园群体的实质需求，分析学生的兴趣爱好以及成长规律，及时了解和跟踪各类校园文化活动开展的现实条件，关注新媒体信息技术与文化活动之间的相关性以及内在逻辑联系，保障学生能够在自主参与的过程中主动地接受优秀思想文化的熏陶，大胆说出个人的真实意见和看法，寻求教师的帮助，在参与各类校园文化活动的过程中提高个人的实践动手能力，实现个人综合素养的稳定提升。

高校校园文化活动的开展对提高课堂教学效率、实现学生的全方位成长和发展意义重大，教师需要分析和解读新媒体背景下这一活动开展的实质条件。与其他的教育教学实践活动相比，校园文化活动所涉及的内容和形式相对比较复杂，参与者和管理者需要注重不同细节要素的分析解读，充分体现新媒体在校园文化活动创新中的作用和优势。

第 七 章
新媒体时代高校校园安全文化建设

第一节 高校学生安全管理的内容与原则

一、高校学生安全管理的主要内容

"高校学生安全管理工作是高校教育工作的重点，以科学发展观引领高校学生安全管理，建设和谐校园，为高校培养和谐建设的接班人创造安全和谐的氛围是新时期下高校学生安全工作面临的首要任务。"① 高校学生安全管理包括日常的安全教育、安全管理以及安全事故的处理等基本内容；同时，高校学生安全管理应以防范涉及教育系统突发公共事件的发生为重点工作，高度重视对校园突发公共事件的预防与控制。

安全教育作为安全管理的基本内容之一，是事故预防与控制的重要手段。安全教育是通过各种形式的教育和培训，努力增强人们的安全意识，掌握安全技能，使人们学会从安全的视角观察问题和审视问题，用所学到的安全技能去处理问题的教育活动。安全教育的内容非常广泛，一般而言，高校学生安全教育包括安全知识教育和安全技能培训两个部分。安全知识教育包括法律法规的教育、安全常识教育、早期职业安全教育，以及心理健康教育。安全技能培训包括日常安全防范技能培训和早期职业安全技能培训两个部分。与系统的安全理论知识教育相比，安全技能培训针对性较强，注重实践教学环节，着眼于培养高校学生的实际动手能力，它的主要目的是使高校学生具备在某种特定的环境或条件下安全顺利地完成任务的能力。

高校学生法律法规教育包括以下方面：①基本的法律法规教育，国家有关安全管理工作方面的方针、政策、法律、法规的教育；②校规校纪的教育，特别是涉及高校学生日常行为规范的教育，如校园治安秩序管理规定、公寓管理规定、教室学生行为管理规范、宿舍防火制度、学生违纪处分条例有关规定、文明离校有关规定、社团管理条例等。对高校

---

①钟玉彬. 论高校学生安全管理创新模式 ［J］. 中国科教创新导刊，2012（10）：228.

学生开展法律法规的教育，能够帮助高校学生树立法律观念，形成良好的法律意识，使高校学生对学校安全工作有一个总体性的了解，对自身所处的学习、生活环境有充分的认识，对自己在校园安全方面所承担的义务有正确的态度，对自身在事故处理中所承担的责任有清醒的判断。

高校学生安全常识教育主要包括与高校学生学习和生活联系紧密的安全知识教育，目的在于使学生掌握安全防范知识，树立安全防范意识。对突发公共事件的安全知识的教育和普及，是对高校学生进行安全常识教育的重点内容。通过对高校学生开展突发公共事件的安全教育，使高校学生对突发公共事件有全面的认识，掌握突发公共事件发生时所能用到的预防、避险、自救、互救、减灾等公共安全知识和技能。对高校学生开展全面、系统的安全常识教育，能够帮助高校学生建立起科学的、实用性强的安全知识体系，有效地保护自身安全和公共安全。

高校学生早期职业安全教育也是高校学生安全教育重要内容之一。早期职业安全教育主要是开展与高校学生所学专业相关的安全教育，教育内容是在高校学生实验室安全教育和实习实践安全教育的基础上，更加注重针对高校学生走出校园、步入社会后，从事所学相关专业工作时将面临的职业领域安全问题而进行的安全知识教育。

高校学生心理健康教育是高校学生安全教育的重要组成部分。高校学生心理健康问题受多方面因素的影响。学校是高校学生学习、生活的主要场所，也是使高校学生产生心理问题的主要影响因素之一。从高校学生的角度来看，学习压力的增大、生活环境的改变、就业和考研竞争的激烈等都会导致高校学生出现心理安全问题。从学校的角度而言，教学方法不当、管理不严格、奖评不公等情况的发生也会给高校学生心理带来不良的影响，使学生思想、行为异常，缺乏安全感。因此，在对高校学生进行安全教育时，对高校学生开展全面的、适时的心理健康教育显得尤为重要。心理健康教育主要包括应对挫折的心理教育、恋爱与性心理教育、人际交往的心理教育、正视学习的心理教育、如何应对环境和角色改变的心理健康教育，以及遭遇突发事件时的心理健康教育。心理健康教育，可帮助高校学生了解自身的心理健康状况，掌握调节心理状态的科学方法，指导自身行为实践，保护自身安全和合法权益。

"高校学生安全防范技能培训，是在安全理论知识教育的基础上，着重培养和锻炼高校学生处理实际安全问题的能力。"[①] 安全防范技能培训主要是通过课堂安全技能的演示、课外实习实践、有组织的应急演练等活动，训练高校学生应对公共突发事件等日常安全防范技能，提高自身防卫能力。早期职业安全技能培训主要针对学生专业领域的安全特点，

---

①赵翔，张博.高校校园文化建设的多维度探究［M］.西安：西北工业高校出版社，2021：96.

通过实习、实践和专门训练等方式和途径，对高校学生开展知识性和预防性的职业安全技能教育和培训，增强高校学生职业安全素养和专业知识水平，促进高校学生日常安全防范技能水平的提升。

（一）日常安全管理

高校学生日常安全管理是指对高校学生在校期间的学习和生活过程中所涉及的安全问题进行的管理，主要包括人身安全管理、财产安全管理、消防安全管理、交通安全管理、社交安全管理、网络安全管理、卫生安全管理等。人身安全是高校学生日常安全管理工作中最重要的安全问题。高校学生在校期间，威胁高校学生人身安全，容易对高校学生构成人身伤害的因素主要来自以下两方面：①因不可抗力造成的人身伤害，主要指自然灾害；②因意外事故造成的伤害，如摔伤、溺水、撞伤等。在高校学生日常安全管理工作中，需要防止滋扰事件、伤害事件、人身侵害事件的发生，做好安全事故的预防工作。同时，在高校学生受到人身安全威胁时，做到及时对高校学生进行帮助和处理，并如实向主管部门和领导汇报，以有效保护高校学生人身安全。

财产安全是高校学生日常安全管理的一项基本工作，财产保护一般分为自力的保护和他力的保护。自力保护是指通过自己的力量，依靠所具备的安全防范知识和技能，对自己所拥有的合法财产采取措施进行保护。随着科技的普及、信息时代的到来，高校学生中拥有手机、笔记本电脑的人数不断增多，在带来更好的交互性和可移动性的同时，校园手机、电脑丢失，特别是手提电脑被盗的现象明显增加。近年来，随着高校中校园一卡通（即融图书卡、饭卡、超市购物卡功能于一体的校园卡）的使用，以及高校为高校学生统一办理的银行卡业务的普及，在给高校学生带来便利的同时，因自身保管不慎而丢失、被盗的现象也相应增多，往往给高校学生带来不小的财产损失。因此，在财产安全管理过程中，应充分利用安全管理活动开展宣传和教育，引导和培养高校学生增强自身财产安全保护的意识和能力。同时，着力从加强校园治安秩序、宿舍安全、公共场所安全等方面防止危害高校学生财产安全的事件发生，加大打击力度，保障学生财产安全。

消防安全是高校安全工作的重中之重，任何部门和个人都有预防火灾、维护消防安全的义务。校园是高校学生活动的主要场所，为保护高校学生的人身和财产安全，在高校学生安全管理工作中必须做好校园安全防火工作。图书馆、教学楼、体育馆、食堂、实验室等公共场所是高校学生安全管理的重要场所。对这些场所的管理主要包括建立健全规章制度和硬件配套措施，实行定期检查、报告和评估制度，重点检查消防设施、指示标志、应急照明、安全出口、疏散通道是否符合国家有关标准，严防火灾的发生。在防火工作中，对高校学生集中住宿的公寓、宿舍楼进行安全排查和管理是高校学生安全管理的重中之重。在管理中，必须坚决制止违章用电、用火等行为，在教育的基础上，对违反消防安全规定的行为进行严肃处理。

交通安全问题在保护学生安全的工作中处于越来越重要的地位。随着高校办学规模扩大，校区面积增大，校区和在校学生人数增多，加之城市交通发展和后勤服务社会化因素的影响，高校学生校内外交通安全事故呈现上升的态势。这就需要对高校学生进行交通安全知识的宣传、教育和培训，明确责任和义务，帮助和引导高校学生从关爱校园交通、关爱自身和他人生命出发，遵守交通规则，避免和减少校园安全事故的发生。同时，高校安全管理部门应根据学校实际情况，制定切实可行的安全管理条例，严格执行规章制度，规范交通安全行为，从严管理校园交通秩序。

随着科学技术的不断发展、信息化时代的到来，高校学生社会交往活动不断增多，影响高校学生社会交往安全的因素也不断增加。近年来，由于缺乏必要的社交安全知识，以在高校应届毕业生求职中出现的社交安全问题为代表的高校学生社交安全问题，越来越受到人们的关注，要求管理者在高校学生日常安全管理工作中，加强对高校学生社交活动的规范管理，在勤工助学、求职择业、社团活动、异性交往等社交活动中加强管理，规范和引导高校学生的社交行为，使其养成良好的社会交往习惯。

信息化网络时代的到来，给人们的生活带来了很多便利。网络安全、网络行为问题也给人们带来无尽的烦恼。紧跟时代步伐的高校学生群体是我国网民的重要组成部分。他们利用网络搜集信息，学习知识，交流沟通，促进自身更好地完成学业。高校应加强宣传教育，引导网络良好道德思想的形成，维护网络安全。

卫生安全管理主要是指对关系到高校学生学习生活的校园公共卫生安全管理以及突发公共卫生事件的防控工作。

（二）安全事故处理

安全事故发生后，保护学生和学校的合法权益是大学生安全事故处理的主要目的和原则。高校学生安全事故处理主要包括事故的调查取证、事故责任的认定、事故损害的赔偿和对事故责任者的处理四方面的工作。事故的调查取证工作是事故处理中十分重要的一个环节，它是弄清事故发生的经过、查找事故原因、有效控制事故的重要步骤。学生人身和财产发生一般伤害、损失后，应通过及时调查处理，开展相应的调查取证工作，以获取事故发生的第一手资料，找出事故发生的根本原因。在校园内，发生突发公共事件造成人身和财产重大损失时，辅导员应保持沉着冷静，迅速采取措施进行抢救和保护现场，并及时通知学生家长；同时，加强思想政治教育工作，稳定学生情绪，恢复正常的教学和生活秩序，协同有关部门妥善处理；在调查取证的基础上，形成调查报告及时向学院、学校，以及相关主管部门汇报。

安全事故责任的认定，是在事故调查取证后，在对各种证据资料汇总和分析的基础上，进行相应事故责任的判定。在安全事故责任认定的过程中，主要依据相关法律法规及有关规定，对学校、学生或其他相关当事人进行责任认定工作。安全事故责任的认定，主要是根据事故相关当事人的行为与损害后果之间的因果关系依法确定。由学校、学生或者其他相关当事人的过错所造成的安全事故，依据相关当事人在事故中行为过错程度及其与事故损害后果之间的因果关系认定其应承担的相应责任。当事人的行为是事故损害后果发生的主要原因，应当认定其承担主要责任；当事人的行为是事故损害后果发生的非主要原因，应当根据实际情况认定其承担相应的责任。

对所发生的事故负有责任的组织或个人，按照法律法规的有关规定，确定其承担相应的损害赔偿责任。在赔偿的范围与标准上，按照有关行政法规、地方性法规，或者依照最高人民法院司法解释中的有关规定执行。对于参加学校集体组织的意外伤害保险、责任保险等险种的学生，积极主动帮助他们做好保险的受理和赔偿工作。在事故发生后，根据投保险种和投保公司的不同规定，帮助学生及其家长做好相应的报案工作、报销凭证的准备工作，以及相关证明的开具工作等。

对事故责任者，根据责任主体在事故中的具体情况进行相应的责任追究。对安全事故负有责任的学生，依据事故实际的情况，以及对事故责任的认定进行相应的处理。因违反学校纪律而对事故的发生负有责任的学生，根据学校相应的管理规定，诸如学生违纪管理规定、公寓管理规定、校园治安秩序管理规定等给予相应的纪律处分。因触犯刑律而对事故的发生负有责任的学生，交由司法机关依法处理。在对学生责任主体进行处理时，本着以教育为主、处罚为辅的原则，使负有责任的学生通过事故教训受到安全教育，从而改正自身不良思想倾向和行为习惯，充分认识安全对自身和他人的重要性。

二、高校学生安全管理的主要原则

高校学生安全管理的原则是在高校学生安全管理工作的实践中形成的，体现了大学生安全管理的客观规律，是高校学生安全管理必须遵循的准则。高校学生安全管理工作遵循的主要原则有明确责任原则、教育先行原则、保护学生原则、教管结合原则。

第一，明确责任原则。明确责任原则是指在高校学生安全管理中，建立健全岗位责任制，完善高校学生安全管理的队伍建设，实行责任追究制度。贯彻明确责任原则，有利于调动各方面积极因素做好高校学生安全管理工作，有利于高校学生安全管理应急机制的建立，有利于建立健全规章制度，加强队伍建设，实现严格管理。贯彻明确责任原则，能够在高校学生安全管理中形成自上而下的合力，由主管部门牵头，各有关职能部门分工协作，积极配合，明确各自责任，具体组织实施安全教育和管理工作，使高校学生安全管理工作制度化、法律化、长效化。贯彻明确责任原则，能够把责任与权利结合起来，既明确了责任，又充分重视各安全职能部门的各负其责问题，做到责权分明；同时，建立责任评估体系，确立考核指标体系，运用测量和统计分析等先进的方法，对实际效果进行科学的评估。

第二，教育先行原则。教育先行原则就是在高校学生安全管理中，注重发挥安全教育的预防作用，通过课堂教学和课外实习实践，利用各种宣传、教育活动，使高校学生掌握安全知识和安全技能，明确安全管理的重要性，理解安全防范的重要意义，自觉地参与到安全教育和管理活动中来。高校学生安全管理工作要以预防为主，而要做到以预防为主，应该以教育为先导，通过安全教育，使高校学生充分认识预防工作的目的和意义，以此来使高校学生认识安全工作。在高校学生安全管理工作中，认真贯彻落实教育先行原则，重视安全管理中的教育工作，使安全教育充分发挥其预防作用，帮助高校学生树立起正确的安全防范意识，掌握安全常识，具备安全防范技能。避免安全教育形式化、表面化，从以预防为主的安全管理工作重心出发，来理解教育先行原则，高度重视高校学生安全教育工作。教育先行原则还应重视对高校学生安全技能的培训，克服单纯注重安全知识教育而忽视安全技能培训和实习实践的思想和倾向。

第三，保护学生原则。保护学生原则是指在高校学生安全管理工作中，以学生为主体，依据高校学生生活、学习和成长的需要，针对高校学生的知识结构和年龄特点，开展安全教育和管理活动，保障高校学生的人身安全和财产安全，促进高校学生的健康成长。保护学生原则充分体现了高校以人为本的办学和管理理念。对高校学生安全的保护要靠管理，这种安全管理不是消极、被动的管理，不是为了管理而管理、出了事故才管理，而是积极、主动的管理，充分了解学生安全需要、针对高校学生群体特点的管理。因此，贯彻保护学生原则，应注重研究群体与群体之间、群体与个体之间、个体与个体之间的关系问题。贯彻保护学生原则，应把个体教育与群体管理结合起来。在重视个体的主体地位，突出高校学生安全管理对个体教育职能的同时，注重对群体的管理职能发挥，并将两者有机地结合起来。同时，还要充分发挥和调动高校学生的主体性，使高校学生切身体验到高校学生安全管理工作对自身发展的重要性，把外在的教育转化为高校学生自身的个人安全意识，组织他们积极参加各种安全教育活动，实现自我教育和自我管理，并最终转化为自己良好的行为习惯。

第四，教管结合原则。教管结合原则就是在高校学生安全管理工作中，把安全教育与安全管理两个基本内容有机地结合起来，在充分发挥教育与管理各自作用的同时，使二者互为条件，相互补充。在安全管理实践中，会出现安全教育与管理脱节的现象，贯彻教管结合原则，有利于开展以预防为主的高校学生安全教育工作，有利于教育和管理资源的充分利用，使之有机地结合起来，有利于安全管理水平的不断提高。作为教育主体的安全教育和管理工作者，应不断提高自己的安全教育水平，提高安全管理的整体能力，以便更好地贯彻和落实教管结合原则。同时，注意教管结合的工作重心问题，根据不同的时间、地点，不同的工作对象、不同的任务和内容来调整教育与管理的工作重心，做到相互结合，互为补充。

第二节　高校校园内部安全问题及应对策略

为保障在校师生的安全，高校建立了一系列校园安全管理制度。但制度的实行，并不能杜绝一切安全事故的发生，高校学生还应不断提高自己的安全防范能力，避免来自外界的不良侵害，针对不同类型的安全问题，采取相应的措施。下面对高校校园常见的几种安全问题及其应对策略进行分析。

一、高校校园内部消防问题及其应对策略

高校人员众多，除学生、教职工外，还有大量的校外人员，因而形成了高校人员群体的层次性差异，防火意识的强弱和防火能力的高低具有很大的差距，给学校的消防安全工作带来了一定的困难。而且学生公寓居住的人员比较密集，易燃可燃物多，学生对火、电等器具的使用往往不规范，使高校存在很大的火灾安全隐患。为了杜绝火灾的发生，高校应该努力做到以下方面：

第一，完善相关规章制度。高校在各个场所的管理规定中都要对防火做出明确的要求，并要组织学生进行学习，让学生掌握必要的消防常识，如在学生宿舍管理制度中要明确规定：学生不得乱扯、乱接电线，禁用电热器具以及大功率的电器，不准在室内堆放易燃物品等。对于违反规定的同学，要进行严厉的批评教育，情节严重的要加以处罚，以警示其他同学。

第二，普及消防用具的使用。有些学校摆设灭火器、消防栓等消防用具只是为了应付上级检查，而无法正常使用，存在极大的安全隐患。有些消防器材即使能够使用，但学生没有相应的使用常识，面对火灾也束手无策。因此，向学生普及消防用具使用常识是十分必要的。

第三，进行消防模拟训练。许多高校学生的消防观念比较淡薄，仅局限于拨打火警电话119或发生火灾后等待消防队员的扑救，而对于消防监督、火场逃生和疏散等工作感到茫然。高校应该和消防部门联合举办消防模拟演习，让学生在具体的情境中切实培养安全

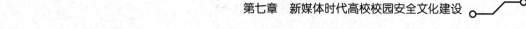

逃生本领，提高学生的防灾应变能力。

二、高校校园内部心理问题及其应对策略

随着社会的快速发展，人们在适应快节奏的现代生活的同时，越来越注重心理健康问题。高校学生作为社会中一个特殊的群体，承载着社会、家庭的期望，同时对自我也有很高的定位。由于心理发展尚未成熟，受到学习压力、环境适应等因素的影响，高校学生常常会出现精神抑郁问题、人际关系问题、恋爱问题等一系列心理问题。高校学生心理健康教育工作，作为促进高校学生全面发展的重要途径有待进一步加强，具体可以从以下方面着手：

第一，加强对高校学生心理健康教育的引导。要做好心理健康教育工作，首先应做好对高校学生心理健康教育的引导工作，并积极支持高校学生心理健康教育工作的开展。把高校学生心理健康教育工作纳入学校德育工作的管理体系中。学校可以通过组织大规模的心理普查、组织开设心理健康教育课程等，积极开展高校学生心理健康状况的调查工作，防止高校学生心理问题的出现。

第二，组建专门的心理咨询队伍。高校学生心理健康教育工作具有较强的专业性，工作人员应具备较高的专业素质，因此，要做好高校学生心理健康教育工作，还需要培养一支专业化骨干教师队伍。高校可以通过多种形式，建设一支专业性强的心理健康教育工作队伍，同时，还要积极对这些心理健康教育工作者进行专业的培训，以提高他们的专业水平和技能。心理咨询教师可以通过面谈、电话、网络等多种方式开展心理咨询，对出现心理问题的学生进行疏导和治疗，关注心理应激不良的学生，以便对个别学生的心理问题进行纠正。此外，应对班主任、辅导员等学生工作者进行心理健康教育方面的培训指导。高校应建立一支思想品德好、责任心强并且具备一定心理学专业知识的心理咨询队伍，让他们在对高校学生进行德育的同时，能自觉地运用心理学知识解决高校学生在学习生活中遇到的各种心理上的问题，帮助他们形成健康向上的心态。

第三，将心理健康教育课程纳入教学体系。心理健康教育课程的设置有利于高校学生心理健康教育工作的开展，能够充分发挥课堂教学在高校学生心理健康教育中的主导性作用。因此，将心理健康教育课程逐步纳入教学体系是开展高校心理健康教育的基本思路，具体包括三方面：①通过开设心理健康教育的必修课，系统地向学生讲授心理健康知识，以及进行心理调适的技巧，提高他们的心理承受能力、自我解决问题的能力以及适应社会环境的能力；②通过开设心理健康教育选修课，对学生进行人际关系指导、成才心理指导、情感问题心理咨询等多方面的专门教育，以满足不同学生心理健康的需求，做到因材施教；③将心理健康教育渗透到高校学生其他课程教学中。教师应把心理教育的内容有意识地融入各学科的教学过程中，师生之间在认知、情感、意志和个性等方面进行积极的沟通和交流。例如，教师可以把坚强的意志、开拓创新、与人为善等良好的心理品质融入教学中，在无形中塑造学生良好的个性，提高其心理素质。

在高校教育过程中，教师应改变传统的传输式教学方法，结合学生心理发展的特点对其进行有针对性的教育，将理论与实践结合起来，通过举办一系列心理健康活动，塑造学生健康的人格。

第四，成立高校学生心理发展协会。在心理健康教育过程中，应充分发挥高校学生的自我教育作用。通过建立一个分层次的工作网络，帮助高校学生解决心理问题。高校学生生活在学生群体之中，他们之间接触得最多，也比较了解，部分心理问题是他们都会遇到的，通过相互间的交流就能够得到缓解。因此，可以在高校学生中建立一种心理互助机制。此外，还可通过在高校学生中建立心理健康教育社团组织，开展高校学生心理健康教育工作。高校学生心理发展协会可以通过学生社团在学生中开展心理健康教育工作，从而扩大高校学生心理健康教育工作在学生中的影响力。

第五，创建良好的校园文化环境。校园文化环境主要体现在校风、学风和班风之中。创建良好的校园文化环境，能够有效保障高校学生的健康成长。校园文化环境是一种无形的力量，能够有效促进学生的健康成长。班风相对校风而言对学生的心理健康有着更为直接的影响。通常而言，积极向上、宽松友好的班风，会给人以力量感；反之，则会使人感到孤独、紧张、压抑。校园文化环境建设应与校园自然环境建设相结合。优美的自然环境能够给一种奋发向上之感，从而达到愉悦身心、消除疲劳的效果。创建良好的校园文化环境，还需要开展多样的校园文化活动，丰富学生的生活，使其能力得到锻炼心理紧张得到缓解。积极参加校园文化活动，是克服不良心理，培养良好心理素质的有效方法之一，因此，要加强校园文化建设，营造积极、健康的氛围，陶冶学生的情操，让学生尽情施展才华，并在活动中建立和谐的人际关系，提高自身的心理素质，获得全面发展和健康成长。

三、高校校园其他安全问题及其应对策略

第一，交通安全问题及其应对。现代社会，机动车辆不断增多，这在很大程度上改变了我们的生产生活方式，但交通安全问题也随之而来。交通问题也是高校常见的安全问题之一。针对新的交通状况，高校要规范校园的交通管理，主要包括两方面：①学校要拓宽校园道路，完善校园道路交通设施；②学校要依据国家的交通法规，结合自己校园的实际情况，制定校园交通管理规定，通过多种形式进行交通安全宣传，教育高校师生必须掌握交通安全的基本知识，遵守交通管理规定，确保自己的人身安全。

第二，食品安全卫生问题及其应对。随着高校后勤社会化改革的进行，后勤管理工作

逐步引入了市场竞争机制，改变了后勤工作的局面，但在食品卫生安全等方面也不可避免地出现了一些问题，引起学校领导的重视。学校要与后勤各部门签订责任书，责任落实到个人并不定期对其进行检查；做到有错必纠、处罚适当相结合；注重对学生开展经常性的安全和健康教育，以增强学生的自我保护和防范意识。此外，高校还要积极开展疾病预防活动，在配合疾控部门对在校学生定期进行风疹、流感等疫苗注射的同时，还应结合具体情况，在卫生部门的指导下，做好季节性流行疾病的预防工作。

高校学生的安全问题受到家长、高校以及社会各界的高度重视，高校必须把治安管理纳入重要的议事日程，进行统一领导。以"谁主管，谁负责"为基本原则，明确目标责任制，将安全管理工作落到实处。学校各部门应结合本身的业务，勇于承担维护学校安全稳定的重任。

保卫部门应根据相关文件要求，制订处置不安定突发事件的应急预案，争取做到早发现、早解决，预防安全问题；要加强与各职能部门的联系，广泛征求好的治理建议；要依靠制度对各部门落实安全保卫责任制情况进行监督，经常进行安全检查，整改安全隐患；要不断加大对校门口及复杂公共场所的管理力度；加强对校内务工、经商人员的法制宣传教育，提高他们遵纪守法的自觉性，避免高校校园安全问题的发生。此外，还要强化全体师生的主人翁意识，呼吁大家团结协作，提高警惕。

学生工作部门、辅导员等长期接触学生，与学生之间的关系非常密切，在发现异常情况、调解纠纷、化解矛盾时具有一定的经验，在关键时刻能够发挥积极的作用。学生会干部以及班级学生干部，是学生中的先进分子，在遵纪守法、参与校园治安防范管理方面能够起到典范作用，他们和其他同学生活学习在一起，对同学们的问题比较了解，能够为有关部门及时提供准确的信息情况，在学校安全管理中应该充分发挥他们的积极性，进而调动校园的一切力量，共同为高校学生健康成才创造一个良好、安全的文明环境。

第三节 校园周边环境维护及安全体系建设

学校社会化程度日益加深，在办学形式、学生来源、人员结构等方面都发生了很大的变化。此外，校园内外商业化的生活娱乐设施增多，使高校与外部环境的联系更加密切。因此，受到各种因素的影响，高校周边环境变得复杂化。目前在高校周边地区所出现的各种问题和不良现象就是这种变化的集中体现。高校及相关部门应及时对校园周边环境进行维护，建立安全体系，保障学生的安全。

一、高校校园周边环境的维护

高校学生的活动不局限于校内，已逐渐延伸到了校外。然而，高校学生涉世经验不足，面对校外复杂的社会环境，往往难以做到明辨是非。为避免各种安全问题的发生，相关部门应对校园周边环境进行维护，为高校学生提供一个和谐、文明的活动空间。具体而言，主要可以从以下方面入手：

第一，工商、质检、城管、卫生等行政执法部门，应加大对高校周边无证摊点、流动摊点的打击力度，依法制止随意摆摊设点、兜售无证产品的行为。

第二，公安、工商等部门应加强对校园周边网吧、电子游戏室、台球厅等公共场所的治安管理，对破坏治安秩序的行为进行治理。

第三，交通部门应加大对校园周边道路交通安全的监管力度，保持校园周边道路环境整洁，维持交通有秩序进行，减少交通事故的发生，保障学生出行安全。

第四，公安部门应强化对校园周边地区暂住人口、流动人口的治安管理，加强对校园周边地区的治安巡查。青年学生在校外租房已经成为许多学校管理的盲区，为保障学生在校外的安全，学校以及相关部门要加强对校外周边环境的管理。

二、高校校园周边环境的安全体系建设

在高校社会化程度不断加深的情况下，学校及相关管理部门应充分认识到校园周边环境的复杂性，积极对周边环境进行管理，发挥自己的积极性、主动性，维护校园周边环境的安全稳定。

第一，强化内部的服务管理工作。学生之所以会流向校外周边环境，一个主要原因是学校内部服务和管理不到位。学生在周边环境的活动主要是为了满足吃、住、玩、学的需要，这也反映了高校内部在这些方面的服务存在不足。因此，要避免学生受到校外环境的干扰，学校就应努力向学生提供高效优质的服务。例如，针对学生的娱乐要求，高校可以举办一些大型的文艺活动，积极开展文化建设；开辟舞厅、滑冰场、网球场、咖啡厅等娱乐活动场所，丰富学生的业余生活，由学校指定人员对这些场所统一经营管理，仅向师生开放，禁止校外人员入内，这样既可以丰富广大师生的生活，还能减少广大师生走出校门，受到校外不良风气的影响，对学校稳定发挥重要的作用。

第二，寻求所在地政府的协助。学校是一个教学基地，而不是职能部门，周边环境的治理是一个社会问题，要想保证校园环境的安全稳定，各个部门必须加强集体配合。高校应接受当地主管单位部门的领导，加强与当地政府的合作，共同建设文明、和谐的校园周边环境。高校校园周边环境不仅影响着高校校园的安全，而且影响着校园文化的建设。爱国主义文化教育基地、社区文化活动等都可以为校园文化建设提供丰富的内容。校园周边环境文化如果内涵丰富、高雅，高校校园文化就可以从中获取大量的文化素材与养料。因此，对校园周边环境的维护及安全体系的建立，不仅能够有效保障广大师生的安全，而且能够促进校园文化的建设对高校校园及周边环境的维护，这是一项长期而艰巨的任务。面对目前严峻的治安形势，只有加强防范，校内外相互配合，坚持不懈抓好校园及其周边的综合治理，才能为学生提供一个安全文明的校内外环境，为培养建设人才做出应有的贡献。

第四节　新媒体时代校园文化安全的思考

在学校办学主旨和育人理念指导下的校园文化建设，应与学校教育管理和教学工作一起，突出校园主体培养，坚持中国特色办学方向。其中，体现学校整体精神氛围的校园文化，是加强校园凝聚力，培育建设者和接班人的重要载体。加强校园文化建设并发挥其育人功能，始终是学校教育管理者和思想政治工作者关注的重大问题。

随着文化安全问题的出现，校园文化安全研究也得到学者的高度关注。文化安全主要是指人们认为自己所属国家和民族的基本价值和文化特性不会在全球化大势下逐渐消失或退化。以此为例，可以将校园文化安全的内涵初步界定为：校园主体（指学生）认为自己所坚守的先进文化不会在全球化大势下逐步消失，所建设的校园特色文化不会在多元化大势下被淹没。

校园文化安全必须得到校园主体的高度重视和共同维护，要积极应对诸多安全威胁，投身校园安全建设。而这一切必须建立在校园主体统一认识的基础上。但在现实中，受到对非传统安全视野把握不够、对文化安全及其定位认识不全面等因素的影响，校园主体的文化安全观明显缺乏。在此影响下，表现出对校园文化安全战略地位重视不够，对校园文化安全面临的挑战估计不足，无法将校园文化安全上升到事关国家总体安全和培养合格建设者的高度，自然不能对校园文化安全的应对做出积极思考并提出有效举措。

校园文化安全是伴随文化安全问题的出现而被重视的，要一以贯之地坚守文化传统和所选择的文化方式。文化安全问题的出现源自其受到其他文化的冲击，关注校园文化安全也应重视这一挑战。在新媒体时代，经济全球化推动文化全球化进程的深入，各国文化之间的交流与合作日益频繁。通过互联网、手机等新兴媒体的运用，校园内部主体之间、校园与外界的沟通更为密切，互动性也大大加强，为校园文化的发展注入了新鲜血液，开阔学生洞察现实和思考问题的视野等；同时使校园多元文化并存，影响青年学生的价值取向，使其对文化传统的坚守和文化方式的选择产生了困惑，不可避免地带来校园文化的不安全因素。

校园文化建设本应是调动校园主体主动参与、增加主体归属感和责任感的重要平台。同时，只有在主体参与过程中，校园文化安全问题才能得到重视。但是反观我国现实情况，在学校教育管理工作中，行政化倾向仍然存在，教育管理模式机械单一、缺乏实效，这对于保障校园文化安全、建设积极向上的校园文化带来了阻碍。长期以来，我们的教育管理体制都是政府办学、政府管理，职能过于行政化，从而使得校园文化不具有学术独立、思想自由之精神。这样的教育管理模式势必导致校园主体参与校园文化建设的主动性不强，推动校园文化建设和创新的机制不健全，排除校园文化安全隐患的动力不够，这是新媒体环境下校园文化安全面临的又一挑战。

一、新媒体时代校园文化安全的现实价值

第一，应对新媒体冲击，增强主体信心。新媒体将成为信息化浪潮中与国家发展前途息息相关的重要领域，也是提高国家竞争力的重要环节。新媒体是相对传统媒体而言的，今天所说的新媒体通常是指在计算机信息处理技术基础上出现的媒体形态，包括在线的网络媒体和离线的其他数字媒体形式。目前，新媒体已经深深植根于政治、经济、文化、社会生活等诸多方面，并日渐成为人们获取知识和信息的重要渠道，它改变了人们的生活和交往方式，更极大地改变了人们的学习和思维方式。

年轻人大部分信息都是从网上获取的，必须正视这个事实，高校应加大力量投入，尽快掌握这一舆论战场上的主动权，不能被边缘化。在新的时代背景下，学校教育与管理工作者必须及时发挥引领学生思想的切实功能。要加强新媒体环境下校园文化的安全研究，深入了解新媒体的内涵和特征及其给校园文化建设带来的影响。对此主题研究的深入，有助于提高对校园主体的认识，及时转变观念，全面、清醒地认识新媒体环境下机遇与挑战并存这一形势，提高新媒体素养，增强应对的信心。

第二，把控文化不安全因素，加强校园文化建设。新媒体环境带给校园文化诸多不安全因素，加之校园主体思维活跃，缺乏辨别意识和应对能力，极易受到非主流文化的影响。为校园文化和安全建设设置了障碍，影响校园文化育人功能的发挥。所以，只有加强新媒体环境下校园文化安全研究，明确新媒体环境对校园文化安全的冲击，才能保障校园文化安全。

第三，加强思想引领。学校是多元文化思潮传播和共存之地，作为中华民族的希望的生力军，青年学生视野开阔、思维活跃，能够较快适应新媒体环境下学习、思维和交往方式的变化，在获取信息方面具有特殊优势，能够及时把握时代变迁，跟上时代潮流。但同

时因为世界观、人生观和价值观还未定型，青年学生缺乏对多元信息的判断力，对多元文化的渗透敏感性不足，从而成为西方非主流文化争取的重点。

新媒体时代到来，借助多元平台和便捷载体，各种主流或非主流思潮在校园迅速传播，传统的教育宣传模式及其实效性受到"考问"。在传播得更快、更有效的西方非主流意识形态渗透下，青年学生表现出对中国传统文化的坚守不坚定，对中国特色文化的弘扬不自信，对核心价值体系和社会主义核心价值观的认同不自觉等倾向，成为新媒体环境下校园文化的安全隐患。因此，我们要加强解除校园文化安全隐患的自觉性，积极探索学校教育管理和思想政治教育的新模式，提高青年学生的政治素养，坚定中国特色信念。

二、新媒体时代加强校园文化安全的路径

第一，提升校园主体综合素养。校园文化建设主体包括全体师生，新媒体环境下校园文化安全的积极应对，必须从提高校园主体的综合素养入手，包括媒体素养、独立思考能力和明辨是非能力。

要想成功面对新媒体时代的挑战，应以充分把握新媒体的内涵、特征为前提。基于此，才能加强对新媒体环境下校园文化的认识，了解其新内涵、新形式、新特点和新威胁。这就需要将媒体素养的提升融入学校教育教学中，通过开设专业课、选修课等，系统讲授新媒体知识，提高学生的理论认知水平。同时，可以在实践中渗透新媒体手段的运用，让学生及时把握新媒体时代的特征，增强自我提升意识。

同时也要看到，新媒体环境下的校园信息良莠不齐，要想应对校园文化的安全威胁，必须提高校园主体对信息的甄别能力，让新媒体为其发展服务。因此，提升校园主体的综合素养还应包括对校园主体独立思考和明辨是非能力的培养。要认识到青年学生不再是信息的盲从者，而是对各类信息有自己独立和理性的思考；还要意识到因为意识形态领域矛盾对抗的隐蔽性增强，青年学生容易只看到各类信息的表象，对其来源和实质缺乏充分分析，因而产生不正确的判断。因此，在课堂教学中，要有意识地增加思维训练，通过设置问题情境和实践检验，引导学生主动思考、正确选择。

第二，引领校园主流文化建设。在新媒体环境下，信息流通渠道宽，面临多元文化特别是落后腐朽文化的冲击，青年学生往往会迷茫、困惑，这对于校园文化建设和学生的健康成长极为不利。所以，加强引领，推动校园主流文化建设，这是应对新媒体环境下校园文化安全的关键。

引领校园主流文化，必须坚持正面宣传和舆论斗争的统一。引领校园主流文化建设，就是坚持用理论创新的最新成果贯穿学校教育教学全过程，加强对校园主体的理论武装，营造良好的校园精神文化氛围。这就需要借助理论课程、专题讲座、时事论坛等形式，加

强宣讲，发挥思想政治课主渠道作用，打牢校园主体共同的思想基础。

同时，加强校园主流文化建设必须重视舆论斗争，引导校园主体在坚定中国特色社会主义道路自信、理论自信、制度自信和文化自信的基础上，应对非主流文化观念的冲击，掌握校园舆论的制高点。这就需要掌控校园主流意识形态的领导权和话语权，加强校园主体的舆论辨析能力，引导其在理性认识和批判的基础上，认清舆论斗争的实质，自觉抵制非主流文化的渗透，为校园主流文化建设提供支撑。

第三，掌握校园网络文化阵地。新媒体时代，校园文化建设呈现出新形式、新特点，在传统校园物质文化、精神文化、制度文化外，新增校园网络文化。校园网络环境的完善及数字化校园建设理念的提出，在拓宽传统校园文化内涵的同时也带来了新的校园安全隐患。

网络文化阵地为校园主体反映自身诉求、表达个性观点提供了便捷，加强了校园主体间的沟通和交流。但不容忽视的是，在校园网络文化逐步发力的新媒体环境下，传统校园文化赖以生存和发展的内在支撑力正在逐步弱化。如校园物质环境的育人功能遭到轻视，校园主体的共同价值观受到冲击，校园制度的规范功能正在消减等。加之校园网络文化建设正处于起步阶段，存在诸多需要完善和加强的方面，这些都在无形中增加了校园文化的不安全因素。

因此，新媒体环境下尤其应关注网络阵地，加强网络文化的引导。我们应认识到，西方非主流文化利用网络传播的便捷性，打着文化交流的旗帜，对青年学生的思想和价值观已经产生负面影响，网络空间的多元文化并存也极容易消解青年学生对主流文化的认同。这就要求在校园文化建设中，加强网络硬件和技术支撑的同时，增强对网络阵地的关注度，净化校园网络文化空间，这是新媒体环境下应对校园文化安全新的着力点。

第八章
新媒体时代学生社会实践文化建设

第一节 高校学生社会实践的文化基因

"高校学生社会实践是以育人为目的的一种教育活动，同时，也是高校校园文化的重要组成部分。"[1] 加强高校学生社会实践文化建设，深入推进高校学生社会实践工作，对于加强高校学生思想政治教育，着力解决"为谁培养人、培养什么人、怎样培养人"三个根本问题，促进高校人才培养质量提升都具有非常重要的现实意义与理论价值。

高校学生社会实践是一个复合式的概念，是一个实践—社会实践—高校学生社会实践的逻辑结构过程。首先，从结构上存在两个限定词，一是社会，即实践的空间和路径；二是高校学生，即实践的主体。其次，实践是一种教育活动。从教育内涵上看，教育可分为实践教育和理论教育。而社会实践是根据实践活动的空间划分的一种实践教育。除社会实践之外的空间应该还有很多，如课堂、网络等。高校学生社会实践是高校学生这一特定主体开展的社会实践活动的一个组合概念。

目前，对高校学生社会实践的界定还存在不同的认识，比较有代表性的主要有三种：①从广义实践观视角出发，认为高校学生实践是人类实践活动的重要组成部分；是高校学生在学习过程中学习知识、理论联系实际的应用与创新活动；是在成长成才过程中改造主观世界、促进自身全面发展的活动；是在走向社会过程中与生产劳动和人民群众相结合的、适应社会、承担社会责任的活动；是高校思想政治教育的重要途径。这一概念相对比较泛化，从这一概念看，高校学生社会实践不仅包括社会实践活动，同时也包括与课堂教学有关的实践活动、校园实践活动和虚拟实践活动。②从思想政治教育学科视角出发，认为高校学生社会实践是按照高校学生培养目标，根据高校学生思想政治教育的任务，结合学生政治发展的特点和思想政治教育规律，有目的、有计划地组织高校学生走出校园，深入基层、深入群众、深入实际，以了解社会、认识国情，增长才干、奉献社会，锻炼毅

---

①冯刚，孙雷. 新时代高校校园文化建设概论 [M]. 北京：光明日报出版社，2019：103.

力、培养品格，增强社会责任感为目的的各种实践活动。当然，还可以从其他学科，如教育学视角出发进行不同的界定。③从国家政策视角出发，对高校学生社会实践的界定虽然没有明确，但我们可以从文件表述上进行分析解读。

总而言之，高校学生社会实践既是高校学生学习知识、理论联系实际的应用与创新，又是高校学生认识世界、改造世界的重要途径，更是高校学生提高思想政治素质，促进自身全面发展的有效载体。

高校学生社会实践其实就是一种高校学生的学习性实践、成长性实践和社会化实践，具有教育属性多重性、实践形式多样性、实践过程协同性、教育价值综合性、实践主题时代性、实践发展传承性和实践路径社会性等特点。

高校学生社会实践作为高校人才培养的一种教育方式，是高校学生这一实践主体通过实践体验将认识转化为意志、情感和行为的重要过程，是联结学校教育和社会教育的重要纽带，它既是学校教育的重要组成部分，又是了解社会、服务社会，进行社会教育的具体形式，更是学生正确认识自我、完善自我，不断提高素质和能力的重要途径。因此，高校学生社会实践是融学校教育、社会教育和自我教育为一体的教育形式，充分体现了具有多重教育属性的显著特征。

高校学生社会实践活动主要分为社会调查、生产劳动、志愿服务、公益活动、科技发明和勤工助学等。高校学生可根据自己的实际情况，有计划、有组织地选择参与其中的一种或几种实践活动，以达到增知识、长才干和受教育的目的和要求。这充分体现了高校学生社会实践形式多样性的特征。

高校学生社会实践是一种能够较好地统筹家庭、学校、社会和自我等多种教育力量和资源的活动，同时社会实践活动还具有课程的开放性、跨学科性和互动性等特点。每一种教育资源都有自身的优势，组织开展高校学生社会实践，需要尽可能多地动员和利用一切教育力量和教育资源，优势互补，协同推进，形成合力。既要取得家庭的支持，又要学校统筹安排；既要社会提供舞台，又要学生发挥自主性，自己参与设计、自己选择主题、自己组织实施、自己进行评价，还要充分利用与合作伙伴相互交流、分享成果的机会，培养锻炼人际交往能力和团结合作的精神。总而言之，只有将四方面因素协同整合，才能使高校学生社会实践取得育人成效。

高校学生社会实践活动的教育目标或价值是综合性的。它既可以体现在认知发展、技能形成方面，也可以体现在情感体验、品德与态度的确立等方面。在某一实践活动中，既可以对学生主体进行德育，也可以进行智育、体育、美育、劳动技术教育和心理健康教育等多方面的教育内容，进而达到综合素质的提升，而不是单一教育目标或任务的实现。

高校学生社会实践与其他社会实践最大的不同主要在于实践主体的特殊性。高校学生是一个充满活力、承上启下的年轻群体，他们富有激情，善于继承和吸收前辈所创造的优秀成果，又善于立足目前、面向未来不断开拓创新。因此，高校学生社会实践不仅是青年学生主体性的高扬与价值展示，而且是年轻人之间思想、文化、经验等交替传承的一个过程。在高校里，上一届的学生始终怀着一种师兄师姐的特殊情感，将自己在社会实践过程中的体会、经验和得失传授给师弟师妹，这种传承不会因主体的改变而改变，会始终如一地进行。因而，高校学生社会实践也正是在这种带有基因式的传承过程中不断发展，从而呈现出永不衰竭的永动状态。

不同历史时期的高校学生所处的社会环境不同，承担的历史使命和面临的机遇挑战也各不相同。一个国家和民族，少年强则国强，少年富则国富。高校学生始终是一个国家和民族的希望与未来。因此，高校学生必须根据所处的时期，唱响时代主旋律，奏响时代最强音，充分体现自身的价值，主动承担历史使命。在社会实践开展过程中，实践主题必须全方位、多角度地探寻和挖掘新时期成长成才的因素并加以合理利用，有效地整合学生的知识结构和素质结构，加快自主建构，使自身的知识和素质得到不断的丰富、提高和优化，才能切实满足国家和人民赋予的责任，才能真正成长为一个对社会有用的合格建设者和可靠接班人。高校学生在社会实践过程中，必须始终围绕这一时代主题，将个人价值与社会价值融合统一。

高校学生社会实践作为社会化实践，具有非常鲜明的社会参与性。高校学生在实践过程中，其路径主要通过社会这一载体进行。高校学生通过真实的社会环境，接触更广泛的社会群体，深入了解国情、社情、民情，缩小与校外现实社会的各种差距，接受社会教化、满足社会需求、掌握相应的知识和技能，习得并遵守社会主流价值体系与规范，明确未来生活目标，确定人生理想，并围绕社会的发展需要增长才干，为更好地服务社会，创造更丰厚的社会财富，推动社会文明的整体跃迁，甘心奉献。

文化是人类在社会历史发展中不断创造、总结、积累下来的物质与精神财富的总和，是历史发展的体现，有强烈的、割不断的历史传统性。文化基因就是文化的 DNA，是决定文化系统传承与变化的基本因子、基本要素，是可以被复制的鲜活的文化传统和可能复活的传统文化思想，是产生于过去、存在于当下、发展于未来的具有连续性的活性文化。高校学生社会实践作为人才培养的一种载体和文化体系，能得以传承和发展，毫无疑问是其内在的文化基因发生作用。高校学生社会实践的文化基因是内在于社会实践文化现象中，并且在时间和空间上具有传承和展开能力的基本理念或基本精神。我们可以从普遍性和特殊性或共性和个性的视角进行分析。

一、高校学生社会实践的普遍性

高校学生社会实践作为以育人为目的的一种教育活动或载体，根植着自身特有的文化基因。其共性文化基因主要体现在指导思想、实践内容、实践目的和实践教育历史发展四方面。

第一，高校学生社会实践以"受教育、长才干、做贡献"为方针，旨在引导青年学生践行社会主义核心价值观。这是高校学生社会实践最根本、最重要的文化基因，这一文化基因决定了高校学生社会实践方向的正确性和思想的正统性。高校学生社会实践只有始终坚持正确的指导思想，用世界观、人生观、价值观和方法论去认识世界、改造世界才能确保社会实践育人功能的充分发挥，才能科学回答"培养哪些人，为谁培养人"这些根本问题。

第二，高校学生社会实践的内容以提升自我和服务社会为基本要求。高校学生社会实践的类型和内容非常丰富，但其基本要求在于提升自我、服务社会。这是高校学生社会实践教育理念的具体体现，也是高校学生社会实践的价值所在。社会实践让青年学生在实践活动中将理论联系实际，并在应用中不断创新；同时又让学生了解社会、认识社会并服务社会，增强自身的社会责任感，既传承和发扬中华民族的优秀传统文化，又充分体现了不同时期的时代精神。提升自我是为了增长才干，为了让青年学生更好地服务社会；而服务社会又让学生在服务过程中进一步锻炼自我、提升自我，两者相辅相成，良性互动，实现形式、内容与过程的辩证统一，进而提高高校学生的思想政治素质，促进青年学生的全面发展。

第三，高校学生社会实践的目的在于育人，在于通过实践活动促进青年学生的全面发展，最终实现中华民族的伟大复兴。中华民族的伟大复兴体现在国家富强、民族振兴和人民幸福。高校学生是国家和民族的未来，是实现中华民族伟大复兴的主力军。民族复兴的关键在人，在于我们能否培养出一大批合格建设者和可靠接班人，因此，高校学生社会实践始终坚持以人为本的教育理念，将集合中华民族独特的发展道路、民族传统、心理期待的文化符号不断传承和发展。高校学生社会实践培养的是一种吃苦耐劳、求真务实、勇于创新的精神，承载的是民族精神的传承和延续，蕴含着民族复兴的强大精神力量，是实现中华民族伟大复兴的重要因素，这是一种强大的文化软实力。因此，实践目的所蕴含的文化基因携带着在社会实践中坚定中国道路、弘扬中国精神、凝聚中国力量的一种精神特质。

第四，从实践教育历史发展看，实践育人思想古已有之。中国古代的劳动教育观、儒家"知行合一"教育思想就是实践育人的传统文化渊源。孔子曾说"学而时习之"，其中的习就是实践，认为行比知更重要；荀子提出"闻之不若见之，见之不若知之，知之不若行之"，这是荀子的实践教育观，再三强调了实践的重要性；朱熹的"力行"思想也强调道德教育只有通过实践才能转化为道德行为。因此，溯源实践教育，高校学生社会实践教育就是儒家"知行合一"教育思想的继承和发展，从其自身发展而言先天就携带着优秀传统文化的基因或血脉。

二、高校学生社会实践的特殊性

高校学生社会实践作为一种文化体系，不同的高校自身又存在特有的文化元素，这个文化元素就是高校学生社会实践的特殊性。而这种特殊性具体体现在各个高校所积淀的不同的高校文化和高校精神。校训是一个高校的灵魂和文化精神，如清华大学与北京大学的校训就不同，清华大学的校训是"自强不息，厚德载物"；北京大学的校训早先是"思想自由、兼容并包"，现在是"爱国、进步、民主、科学"；浙江高校是"求是创新"；浙江师范大学的校训是"砺学砺行，维实维新"，体现了师大人坚守黄土地艰苦办学的"自信自强、艰苦奋斗、务实创新、乐于奉献"的师大精神等。各个高校的校训都不同，所体现的是一个学校自身的文化传承，根植于每个高校学生的机体之中，因而每所高校所培养出来的学生其外在行为、内在思想、文化形态（语言、行为、精神）等方面的显性状况都有所不同。以前有人会说，清华大学和北京大学的学生混在一起可以明显予以区别，这就是因为两所学校所培养的学生身上传承的文化基因存在差异。因此，在高校学生社会实践中，每个学校都会形成各自的实践品牌或特色和不同的实践文化，而这个特色和实践文化就是高校各自不同的文化基因在起作用。高校学生社会实践之所以能够经久不衰，除了学校的有效组织和各方大力支持之外，更重要的恐怕是其内在的文化基因在不断传承和创新发展。

高校学生社会实践的共性文化基因和个性文化基因的组合和排列就构成了高校学生社会实践的文化基因谱，不同的文化基因组合也造就了不同历史时期高校学生社会实践生动活泼、精彩纷呈的良好局面，它对传承实践文化、维系实践认同、规范实践行为、推动实践发展起着非常重要的作用。

第二节　高校学生社会实践的实施与管理

高校学生社会实践因其自身特有的文化基因，不仅促进了高校学生社会实践的创新发展，而且加强了高校学生社会实践文化的建设与繁荣。推动高校学生社会实践文化建设的关键还在于如何加强高校学生社会实践的实施与管理。在高校学生社会实践的实施与管理过程中，需要厘清应该遵循哪些原则、构建哪些机制，应辩证看待其中存在的问题，精确判断今后发展的趋势。

一、高校学生社会实践实施与管理的原则

（一）系统性原则

高校学生社会实践是一个系统工程，在具体的实施与管理过程中，需要加强校内与校外资源和要素的整合。首先，要加强校内资源的整合，要构建相应的组织机构，将相应的部门与单位联合组成领导小组，对高校学生社会实践工作进行统筹规划，统一安排，进行有针对性的指导和支持。其次，要加强与校外资源的沟通与协调，尤其要加强与政府、企事业单位、乡镇街道、社区农村以及社会组织的联系，在校外资源的支持下有效解决实践方式、实践部门、经费支持等保障问题。校外资源可以为高校学生社会实践提供需求驱动、提供实践支持，进而构建一个完备的社会实践教育体系，积极为高校学生社会实践打造可行互动、保障有力的良好平台。在整合各方资源的过程中，需要加强各要素之间的协同，高校要结合时代特征、地方需求和学生实际，创新社会实践教育理念，将地方社会经济发展需求和高校专业发展与人才培养模式有效对接，从而形成社会实践教育合力，使育人目标得以更好地实现。

（二）人本性原则

高校学生社会实践是以育人为目的的教育活动。在高校学生社会实践实施和管理过程中，必须始终坚持以人为本的原则。首先，要尊重高校学生的差异性。要根据高校学生在专业、知识结构、成才需求和个体性别、能力、素质、性格等方面的差异性，增强实践内容与实践主体特点的契合度。其次，要满足学生的成长需要。充分遵循学生成长规律，将学生成长需要与实践活动结合起来，让学生在实践过程中体悟世情、国情、社情和民情，在实践中得到锻炼，使人才培养从知识传授向能力提高转变，不断提高学生的成才意识、创新能力和社会责任感，进而增强道路自信、理论自信、制度自信和文化自信。最后，要充分发挥学生的主体性作用。要坚持学生的主体地位，充分发挥学生在社会实践中的主体作用，实行"自我教育、自我服务、自我管理"，尽可能让学生自行设计实践方案，组织开展实践活动。

（三）广泛性原则

高校学生社会实践的实施和管理要坚持广泛性原则。首先，要面向全体学生，而不能仅仅停留在部分学生骨干层面。通过广泛动员和主题教育，让学生认识到社会实践的意义和价值，积极主动地参与到社会实践活动中去，在实践中思考、在实践中锻炼、在实践中

创新、在实践中成长。在坚持广泛性原则的基础上，要注重实践活动开展的适宜性和层次性，针对不同年级和不同专业的学生，应结合实际，有针对性地组织开展相应的实践活动，不能一刀切。其次，要广泛参与社会活动。不仅要了解发达地区的情况，也需要了解贫穷落后地区的现状；不仅在政府、企事业单位开展社会实践，也需要深入农村基层调查研究、宣讲服务。最后，要广泛开展系列活动。要组织开展社会调查、生产劳动、志愿服务、公益活动、科技发明和勤工助学等多种形式的社会实践活动，全方位锻炼学生，培养学生，切实促进学生的成长成才。

（四）长效性原则

高校学生社会实践不是一个阶段性的工作，而是一项长期的育人工程。在实施和管理过程中，要始终坚持实效性和长效性。只有确保每次社会实践活动的实效性才能切实保证社会实践的长效性，从而得到政府、社会和家庭的广泛支持。要实现高校学生社会实践的长效性，首先，要精确定位，以价值观引领、学术导向强化高校学生社会实践的内涵，结合国家发展战略、地方经济社会发展需要和重要时间节点，着眼时代发展、社会变革的焦点热点，坚持社会实践与人才培养相结合、与社会需求相结合、与学科优势相结合、与就业创业相结合；其次，要构建高校学生社会实践的相应机制，如组织机制、激励机制、评价机制、保障机制等，为高校学生社会实践的长效性提供机制保障；最后，要加强高校学生社会实践的理论研究，深入探寻其中蕴含的育人规律，科学判断高校学生社会实践的未来发展，为高校学生社会实践的创新发展提供理论支撑与实践指导。

二、高校学生社会实践实施与管理的运行机制

高校学生社会实践关键在于建设，动力在于发挥青年学生的主体作用，活力在于建立有效的运行机制和制度。高校学生社会实践的实施与管理需要建立科学的工作机制，既要有组织机制、考核评价激励机制、运行机制为保障，又需要积极搭建工作平台，同时还需要加强社会实践理论研究，用最新理论成果指导高校学生社会实践。

（一）社会实践组织机制

运行顺畅、科学合理的组织架构是高校学生社会实践教育可持续发展的组织保障和前提条件。高校学生社会实践属于实践育人的工作范畴，其组织架构应遵循单中心、多层级、广覆盖的原则。目前各高校都成立了实践育人领导小组，高校学生社会实践归属于其职责范围，由分管思政工作的校领导牵头负责，教务部门、学工部门、研究生管理部门、科研部门、人事部门、财务部门、宣传部门、团委等相关职能部门为成员单位，可设立高

校学生社会实践工作办公室，办公室设在学校团委。学校层面重在负责高校学生社会实践的顶层设计，加强校内各方面资源的统筹协调和校外资源的沟通协同，明确社会实践的指导思想、主题确定、文化培育、经费保障、评估考核以及实施方案设计等。各相关学院可以成立相应的工作办公室，与学院的学生工作办公室或分团委合署。在学生层面，由团委整合各学生社团成立高校学生社会实践协会，充分发挥学生"自主管理、自我教育、自我服务"的主体作用，负责具体实践活动的开展，并通过高年级的传帮带，调动学生积极性，激发学生自主实践意识，促进实践活动的深入开展。在教师层面，由人事处、教务处、学工部和团委组织高校学生社会实践指导教师的聘任、培训和绩效评估。

（二）社会实践运行机制

在广泛深入地开展高校学生社会实践活动的过程中，我们应灵活机动。首先，要给予学生自主权。在实践上应及时给予支持指导，在时间上要充分利用假期和课余时间，在主题上鼓励学生自己选择议定。其次，社会实践内容和形式必须因人而设、因地制宜。高校跨度三到四年，不同院校、不同年级、不同专业各有特点，我们应根据以人为本原则和因材施教原则，充分尊重学生的差异性和成长规律，差异性开展社会实践活动。最后，要扩展高校学生的实践活动范围和视野。把学生带入团体和社会大熔炉，为学生提供更多更新的信息和更具体生动的体验情境和机会，使他们的知识和素质得到不断的检验、丰富、提高和优化，引导他们在观察、分析、判断中发现差距、明确目标、学会适应、懂得选择、善于负责，培养良好的习惯、坚强的意志和体魄，深刻体会自我完善、自我发展、自主建构的乐趣、作用和意义。

（三）考核评价激励机制

高校学生社会实践在组织实施过程中到底取得怎样的成效，如何有效提升人才培养质量，需要有一个客观、科学、完善的考核评价机制。高校学生社会实践评价机制可以由评价指标、评价机构、评价结果反馈三部分构成。

首先，研究高校学生社会实践评价指标体系。评价社会实践应将社会、学校及学生三个层面的衡量标准有机结合，既要定性考核又要定量考核，既要过程考核又要效果考核，既要结构考核又要综合考核，既要分级分等的宏观考核又要做到细节上详细清楚。只有尽可能反映出真实的水平，才有可能得到学生的认同，并相互交流借鉴，真正实现社会实践锻炼人、培育人的积极效果。同时，要通过纵向与横向两个维度进行比较分析。纵向维度主要指高校自身在学生社会实践过程中人才培养质量上的前后比较，可以通过量化指标建立数据库进行客观分析，科学反映育人成效；而横向维度则是同类院校之间实践育人成效的比较。

其次，评价机构。建议由学校委托第三方进行评价，以避免社会实践关联方因体现自身工作业绩而弄虚作假，要确保评价的科学性、真实性和客观性，从而确保社会实践工作持续推进，存在不足之处就及时整改，不断改进提高，而取得实效的可以及时总结借鉴推广，从而推动高校学生社会实践工作的整体提升。

最后，评价结果反馈。由第三方机构做出评价报告直接反馈给相关高校，并报上级主管部门备案。此外，学校要根据高校学生社会实践考核评价结果，建立相应的激励机制。一方面，对于表现优秀者，给予物质及精神方面的奖励，形成示范作用，从而鼓励高校学生积极参加社会实践；另一方面，对参加社会实践指导并表现优秀的教师给予奖励，可以量化的方式将参加社会实践并表现优秀的教师纳入优秀教师档案，作为其评定职称、评选先进的重要依据。

（四）立体式成长平台

为了有效推进高校学生社会实践的互动性和创新性，从人才培养的角度，高校可以积极搭建信息、社群和创新创业教育三个学生成长平台。

第一，信息互动平台。信息互动平台有线上、线下平台。学校的线上平台主要包括以微信公众号为窗口的社会实践政策和社会实践活动互动平台、微信群和群的实时交流平台、实践能力测评与提升咨询平台；学校的线下平台包括由校内指导教师、校外专家和企业家、知名校友等为学生提供极具专业性、实践性的社会实践咨询指导。

第二，社群学习平台。学校可以构建以不同社会实践内容为纽带的实践社群，建立若干个以社会实践教育为特色的学习平台，通过组织开展各类活动或实施一些社会实践项目，形成社会实践主体之间交流看法、解决问题、招募团队、推荐机会的互动平台。

第三，创新创业平台。创新创业教育，既要培养学生掌握创新创业基础知识，又要训练学生批判性和创造性思维，培育学生敢冒风险、挑战权威、团结协作和社会担当的综合素养；同时，还要锻炼学生综合运用专业知识分析问题、解决问题的创新、创造、创业实践能力。一方面，要立足现有高校—政府—科研院所—行业企业资源，进行资源整合、功能整合、体制创新，形成政府资助、社会参与、市场化运作的社会实践育人新模式。学校通过以高校学生创新创业为导向的高校—政府—科研院所—企业协同机制，开展创业实训、创业孵化等方面的合作，改革人才培养模式，提升学生的创新精神、创业素养、实践能力、社会责任感和就业能力，为地方经济发展提供人才支撑、技术支撑、文化支撑、思想支撑。另一方面，根据学校不同条件，可以在校内适度成立创业孵化平台，如面向在校学生招标校内各种类型的学生创业实训基地，由学生自主经营、自负盈亏，模拟真实创业过程。

第三节 学生志愿服务和志愿服务文化建设

一、学生志愿服务

志愿服务是指志愿者不以物质报酬为目的，利用自己的时间、技能等资源，自愿为国家、社会和他人提供服务的行为。志愿服务主要领域包括扶贫济困、助老助残、社区服务、生态建设、大型活动、抢险救灾、社会管理、文化建设、西部开发、海外服务等。高校学生志愿服务是以高校学生志愿者为主体展开的，组织方式有学校组织开展、学生自行开展两类。高校学生志愿服务的特点概括为四方面：①无偿性。不以获得物质报酬为目的，无偿为他人提供服务。②自愿性。高校学生志愿服务出于个人意愿，而非强制命令或要求。③实践性。志愿服务属于高校学生社会实践活动，是高校学生接触社会、了解社会、服务社会的平台。④组织性。目前高校学生志愿活动主要依托学校团组织或学生会组织开展。目前，我国高校学生志愿服务形成高校学生志愿服务西部计划、中国青年志愿者海外服务计划、应急救援志愿服务工作等一批重点品牌项目。

二、学生志愿服务文化建设

国内学者在研究志愿服务文化时，通常从文化结构的角度出发，从物质文化、精神文化、制度文化等多个层面对其进行阐释。物质层面的志愿文化指与志愿活动相关的物质产品，如志愿者的徽章、宣传作品、志愿服务行为带来的生产发展等。精神层面的志愿文化指志愿服务的理念、意识、动机、价值取向等，目前对于志愿服务精神的普遍共识为"奉献、友爱、互助、进步"。"制度层面的志愿文化包括各类相关法律法规、办法等"①。其中精神文化是最为核心的，也是志愿服务文化的精神内核。

我们在探讨高校学生志愿服务文化时，主要聚焦以高校学生志愿者为主体，以高校学生志愿服务活动为载体，以"奉献、友爱、互助、进步"的志愿精神为内核，具有高校和青年学生显著特征的志愿服务文化。

第一，与中国传统文化血脉相通，志愿文化理念与中国传统文化有精神共鸣。志愿服务精神强调"爱人""助人""无偿"等元素，这与中国传统儒家文化"仁爱"的观点有共鸣之处，如"仁者爱人也""老吾老以及人之老，幼吾幼以及人之幼"等。在传统文化

---

①尹强．论当下中国志愿文化的兴起与发展——兼论中华优秀传统文化与西方进步文化的融通与结合［J］．学术探索，2015（1）：88.

的影响下，中国古代常有慈善救济活动，"利他"的理念根植于我们的思想观念和行为准则中。

第二，对西方志愿文化整合扬弃，改变西方志愿服务精神支撑，将志愿服务视为公民道德建设的具体内容。随着时代的发展，志愿服务精神逐渐被纳入我国公民道德建设所倡导的范畴。志愿服务是美好的道德行为和重要的道德实践，要求深化群众性精神文明创建活动，广泛开展志愿服务，推动学雷锋活动、学习宣传道德模范常态化。当代中国的志愿服务成为青少年在实践中检验公民道德、培养公民责任的良好渠道。

第三，与高校学生思想政治工作紧密结合，把思想引领、实践育人作为高校学生志愿服务的重要导向。社会实践是高校学生思想政治教育的重要环节，开展社会实践活动有助于促进高校学生在实践参与中了解社会、了解国情，增长才干、奉献社会，锻炼毅力、培养品格，增强社会责任感。并且，相较于灌输填鸭式的思想引导，参与实践式的教育形式更受欢迎，易被接受。高校学生志愿服务活动是实践育人的有效载体。高校学生志愿服务文化建设是加强和改进高校学生思想政治工作的内在需求。要更加注重以文化人，以文育人，广泛开展文明校园创建，开展形式多样、健康向上、格调高雅的校园文化活动，广泛开展各类社会实践。如何将高校学生志愿服务文化建设同思想政治工作有效融合，是我们面临的重要课题。

第四，与高校学生群体的思想和行为特质有机互动，成为青年文化的一部分。一方面，志愿服务文化契合高校学生的思想和行为需求，当代高校学生既追求个人发展，又有社会关怀，志愿服务为高校学生群体提供了服务他人、贡献社会的机会和平台。另一方面，高校学生群体在参与、组织乃至发起志愿服务时，也在不断丰富、塑造乃至引领志愿服务文化。通过高校学生志愿者的实际行动，创造了新的志愿服务品牌和志愿文化产品。志愿服务文化逐渐成为青年文化的一部分。

高校学生志愿服务文化建设是继承和发扬中华优秀传统文化的逻辑使然，是培育和践行社会主义核心价值观养成的内在需求，也是加强和改进高校学生思想政治工作的有效支撑。但高校学生志愿服务"热"，志愿服务文化建设"冷"，高校学生志愿服务长效发展面临着挑战和困境。

第四节　新媒体时代学生社会实践的开展

一、搭建一体化高校学生社会实践服务平台

新媒体环境下，高校应利用腾讯 QQ、微信、公众号、微博等各种互联网平台发布和

整合信息，提供优质的社会实践活动机会，让学生积极参与社会实践中。还可借助各种平台宣传优秀社会实践案例，为学生树立正确的价值观，让社会实践活动形成一个良性循环。高校还应利用新媒体技术，丰富社会实践形式的多样性，积极开展网络活动，如组织在线策划社会实践活动，选出优秀的策划方案；利用互联网技术展开微课堂，实现线上线下的融合；还可利用新媒体技术，让学生在社会实践中将有意义的事记录下来，丰富总结报告的形式，激发更多形式的实践记录方法，让学生真正交流、分享在实践中的心得体会，使学生通过社会实践真正得到锻炼和提高。

二、促进社会实践活动中各方之间的积极互动

新媒体环境下，高校可根据搭建的社会实践服务平台，让学生及时反馈在实践中发现的问题，教师根据问题及时进行专业指导，学生之间也可在平台中及时分享、交流信息，反映出一些共性问题，营造积极讨论的氛围，增加学生和教师的参与感；同时，院校相关部门可借助新媒体技术，做好高校学生社会实践活动的培训工作，根据学生的反馈及时起到监督的作用。实践活动不是学生自己的任务，也不是教师自己的任务，更不是院校单方面的工作任务，社会实践的顺利开展离不开学生、教师以及各个部门的即时互动和共同参与；院校应充分运用新媒体社会实践平台，打造内容丰富、形式多样的线上互动课堂，提供一个让学生和教师分享知识、交流经验的互动平台，形成良好的院校社会实践氛围。在社会实践活动中，学生可通过新媒体平台将实践中所见所闻、所思所想进行分享互动，增加学生对社会实践的关注度。

三、完善高校社会实践的考核机制

新媒体技术不仅可让学生及时反馈社会实践的进展，还可让院校和教师进行实时监督和评价。首先，社会实践活动形式和内容各式各样，对实践成果的考核不应采取统一的标准，应借用新媒体信息更新及时性的特点，让学生对社会实践进行不定期的反馈和总结。社会实践活动的考核更不应以最终的报告定义分数的高低，应对社会实践中学生实际工作情况进行收集及评价，把学生社会实践过程与最终成果结合起来，促进工作评价考核的公平、公正。其次，新媒体技术可对学生进行线上的实时性培训，在实践开展前，教师可在线上组织培训；实践过程中，指导教师可根据学生存在的问题进行实时的线上指导，及时调整学生实践过程中的问题。在实践结束后，学生可实时将实践报告进行总结、反馈，教师可以根据整个实践过程和实践结果进行考核评价。

四、拓展高校学生开展社会实践内容的广度和深度

新媒体环境下，学生接触信息的来源和方式变得多种多样，也逐渐形成自己独特的兴

趣和习惯，每个学生都有自己了解信息的渠道，也掌握着不同的多元化信息，每个学生都有自己的思考方式和创新点。院校应打破社会实践内容单一的调查问卷、下乡考察等传统形式，激发学生提出更多的社会实践形式，鼓励学生在自己擅长的领域开展社会实践活动，做到因材施教，精准到人。院校应确保学生可挖掘、发挥自己专业知识的实践活动，这样才能拓展社会实践的深度和广度，让社会实践真正锻炼到每位学生，使其真正发挥价值。

参考文献

[1] 姜立波. 新媒体环境下高校学生开展社会实践创新思路分析 [J]. 办公自动化, 2022, 27 (19)：28.

[2] 程红英. 新媒体在高校校园文化建设中的探索与实践 [J]. 声屏世界, 2022 (6)：88.

[3] 赵东威, 徐龙稷. 新媒体背景下高校校园文化活动创新策略研究 [J]. 传媒论坛, 2019, 2 (17)：23.

[4] 黄思瑜. 新媒体时代对校园文化品牌建设的影响研究 [J]. 新闻战线, 2019 (8)：116.

[5] 宁昊然. 浅谈新媒体对高校校园网络文化的重塑 [J]. 传播力研究, 2019, 3 (10)：15.

[6] 胡辰. 对新媒体环境下校园文化安全的思考 [J]. 中学政治教学参考, 2017 (18)：40.

[7] 赵书英. 新媒体时代高校精神文化建设的重大意义 [J]. 牡丹, 2017 (12)：125.

[8] 张建波. 基于网络新媒体的高校班级文化建设探究 [J]. 人才资源开发, 2015 (24)：57.

[9] 赵翔, 张博. 高校校园文化建设的多维度探究 [M]. 西安：西北工业高校出版社, 2021.

[10] 冯刚, 孙雷. 新时代高校校园文化建设概论 [M]. 北京：光明日报出版社, 2019.

[11] 贾霄燕. 高校校园文化建设探索 [M]. 石家庄：河北人民出版社, 2015.

[12] 郑铮. 浅谈新媒体时代高校网络文化建设 [J]. 科教导刊：电子版 (中旬), 2017 (12)：26.

[13] 王琛. 新媒体环境下高校校园网络文化建设问题研究 [J]. 中国管理信息化, 2015, 18 (16)：251.

[14] 郑园园. 新媒体背景下高校校园文化活动创新策略 [J]. 北方经贸, 2015 (8)：300.

[15] 林亮亮. 新媒体技术视域下的大学生活动平台建设及应用研究 [J]. 当代继续教

育，2019，37（2）：69.

［16］王振杰．论特色社会实践对高校学生价值观的塑造［J］．教育理论与实践，2021，41（15）：38.

［17］黄俊鹏．高校学生社会实践活动机制构建探究［J］．学校党建与思想教育，2018（6）：63.

［18］刘旸．困境、风险防治与对策：高校利用新媒体开展思想政治教育研究［J］．中华女子学院学报，2021，33（6）：105.

［19］高建林．社会主义核心价值体系与廉政文化建设［M］．苏州：苏州大学出版社，2011.

［20］孙雷．现代大学制度下的大学文化透视［M］．北京：光明日报出版社，2010.

［21］张国臣．高校廉洁文化建设理论与实践［M］．北京：人民出版社，2010.

［22］胡心淼．新媒体时代高校校园网络文化的构建［J］．南昌教育学院学报，2013（12）：57.

［23］黄金和．浅析高校校园文化的特性和功能［J］．才智，2012（20）：1.

［24］吴乌云格日乐．内蒙古高校校园文化建设层次结构分析［J］．民族高等教育研究，2013，1（5）：52.

［25］王琦，马众．高校校园文化建设问题研究［J］．山东青年，2017（6）：46.

［26］史曼．建设校园廉政文化的途径、方法和意义［J］．现代经济信息，2017（4）：392.

［27］史琪．高校校园精神文化的内涵、现状和措施［J］．劳动保障世界，2016（36）：72.

［28］包志国，黄文曦．高校校园文化建设的核心在于重塑大学精神［J］．黑河学刊，2013（7）：153.

［29］王洪昌．对高校校园文化建设途径的研究［J］．卫生职业教育，2012，30（2）：18.

［30］杨水华，姚玮．新时期高校班级文化建设研究［J］．江西教育学院学报，2013（6）：107.

［31］闫克信，赵倩倩．高校校园物质文化建设路径探究［J］．边疆经济与文化，2021（11）：90.

［32］邓鹏．浅谈高校校园文化活动的创新［J］．读与写，2018，15（22）：1.

［33］钟玉彬．论高校学生安全管理创新模式［J］．中国科教创新导刊，2012（10）：228.

［34］尹强．论当下中国志愿文化的兴起与发展——兼论中华优秀传统文化与西方进步文化的融通与结合［J］．学术探索，2015（1）：88．

［35］李小玲．高校班级文化建设现状及策略研究［D］．重庆：西南大学，2012：13．

［36］张文惠．高校班级文化建设的路径探讨［D］．天津：天津师范大学，2012：1．